大人の男の
スーツ学、
徹底的に
伝授します。

Fashion Text Series

THE SUIT

メンズファッションの
教科書シリーズ vol.1

スーツの
教科書

Introduction

「スーツは制服ではない。男をもっともエレガントに魅せるものだ!!」

中村達也

（ビームス クリエイティブディレクター）

スーツとは、男のエレガントさ、色っぽさを如実に表現するものといえるでしょう。そしてそれは、ステレオタイプな「制服」のようなものではありません。ヨーロッパでは、スーツは男の内面を端的に表すアイテムとしてしっかりと認識されており、それを適切に理解する男性、あるいは女性が存在するという土壌、つまり文化があります。移り変わりが激しく華美なだけのモード的なファッションを追い求めるのではなく、「時代性のあるクラシック」としっかりと向き合い、自分自身のものとしてそれを昇華する。そんな大人の男の上質なスタイルが、この日本にも、もっともっと定着することを切に願っている次第です。

なかむら・たつや

1963年生まれ。セレクトショップの雄、ビームスのクリエイティブディレクターとして、メンズ・クロージング全般の企画開発に携わる。そのメンズファッションに関する知識の豊富さで、各方面から絶対的な信頼を集めている。

写真＝関根明生

Contents

THE SUIT

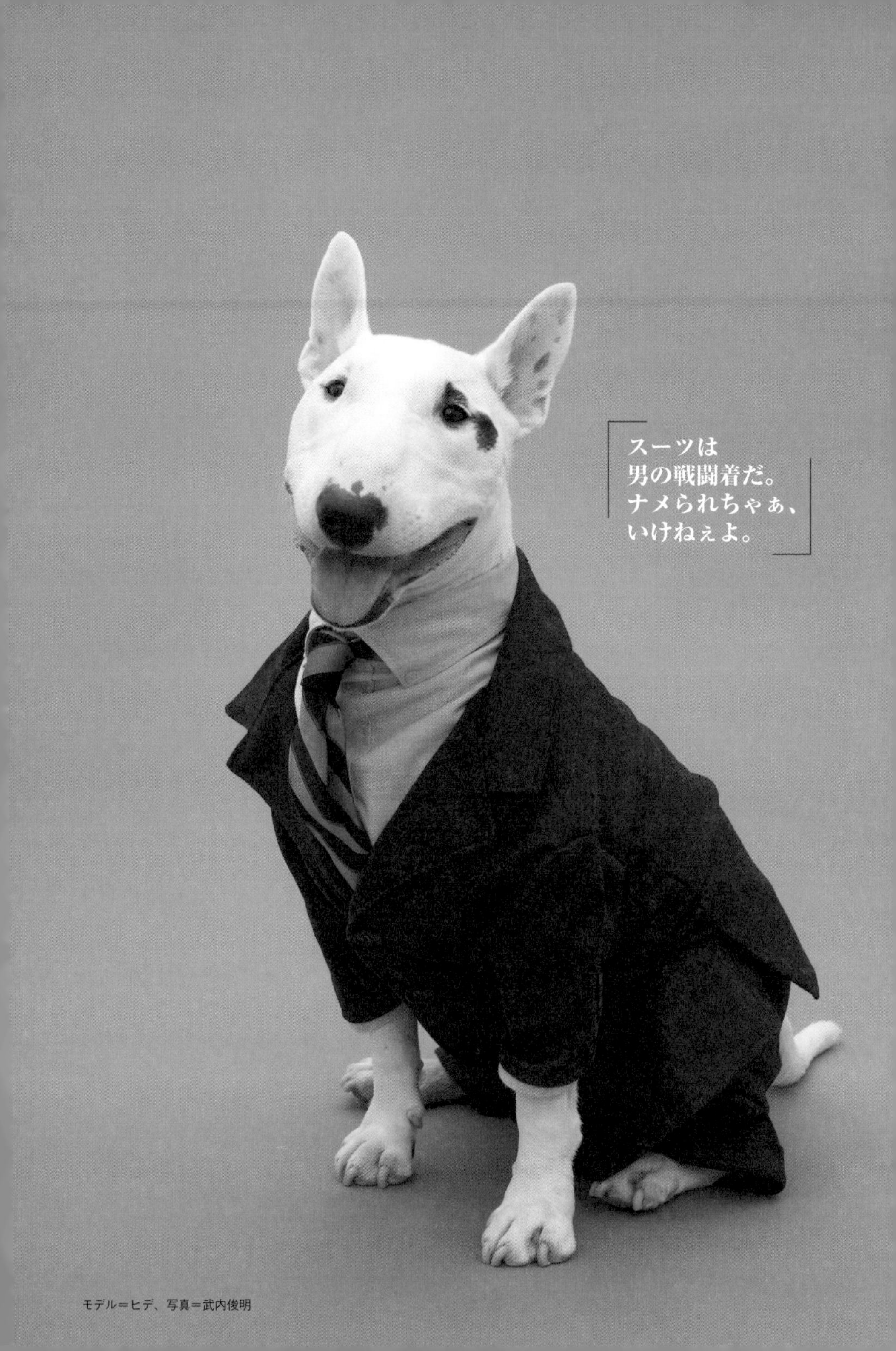
「スーツは
男の戦闘着だ。
ナメられちゃぁ、
いけねぇよ。」

モデル＝ヒデ、写真＝武内俊明

Chapter. 01

What's SUIT!?

製作過程から
ディテールまで、
一目瞭然の
スーツ構造学

British

英、米、伊を徹底比較！

国別スタイルに見る、スーツの基本型

スーツにも、流行り廃りというものがある。とはいえ、大きくわけると3つの系統に分類でき、基本的にはどれもその流れを汲んでいる。英、米、伊の国別がそれだ。

国別に異なるスーツの個性を知り、自身の美意識と合う逸品を選びたい

それぞれのお国柄を反映してか、イギリス、アメリカ、イタリアではそのスーツのスタイルの傾向が顕著に異なる。

歴史的に見て、メンズファッションの基本を築いてきたイギリスは、ダンディズムを強調する構築的なイメージ。それをより合理的な感覚で咀嚼したのが、アメリカだ。そして、イギリスの流れを汲みつつも中性的な華やかさでそれを昇華するイタリア。まさに3国3様である。

ちなみに、フランスはどの国よりも女性的で、自由な感性に満ち、「基本」という型に当てはめにくい。故に、ここではあえて外してあるのでご了承を。

ダンディズム薫る構築的な美意識を自身の身体でとくとご体感あれ

最も特徴的なディテールといえば、パッドがしっかりと入ったショルダー。タイトにシェイプされたウエストとともに、立体的なボディラインを演出する効果がある。身体の外側に向けて下がる斜めの切り込みの腰ポケットも、胸のたくましさを強調するポイントになっている。スーツ¥93,450、シャツ¥13,650、ネクタイ¥9,450（以上リチャード ジェームス／ロンナー 03-3494-3571）、靴¥89,250（チャーチ／渡辺産業プレスルーム03-5466-3446）

写真＝五十嵐和則、スタイリング＝栃木雅広

Classico Italia

自然で柔らかいエレガントさと、立体的なラインを作る細部が魅力

とにかく、シルエットの美しさがウリ。立体的な袖付け、胸元のバルカポケット、袖口の重ねボタンもイタリアらしいポイント。スーツ￥177,450（ボリオリ／アマン03-6805-0527）、シャツ￥13,650（エディフィス）、ネクタイ￥9,975（ヴィコンテ アー／ともにエディフィス渋谷03-3400-2932）、チーフ￥6,825（ジェントリーテイラー／オンワード樫山お客様相談室03-5476-5811）、靴￥36,750（ベニーニョ／ワールド フットウェア ギャラリーWFG店03-3796-8891）

American Trad

着る人の体型を選ばない合理的な箱型シルエットが、アメリカならでは

ウエストの絞りが少ないボックス型のシルエットで、着る人を選ばないのが特徴。肩はパッドが入らない、または薄いパッド入りのナチュラルショルダー。3つボタン段返り、フラップつきの腰ポケット、センターベントなども象徴的なデザインのディテールといえる。スーツ￥82,950、シャツ￥10,395、ネクタイ￥12,600（以上J.プレス／オンワード樫山お客様相談室 03-5476-5811）、靴￥39,900（コール ハーン／コール ハーン ジャパン 0120-56-0979）

細部に宿る
神々の違いを検証

スタイルを構築する、ディテール研究

スーツを着こなす上で、それを構築するディテールを理解することは重要だ。なぜならスーツスタイルとは、微細な違いを熟知してこそ、はじめて完成するものだから。

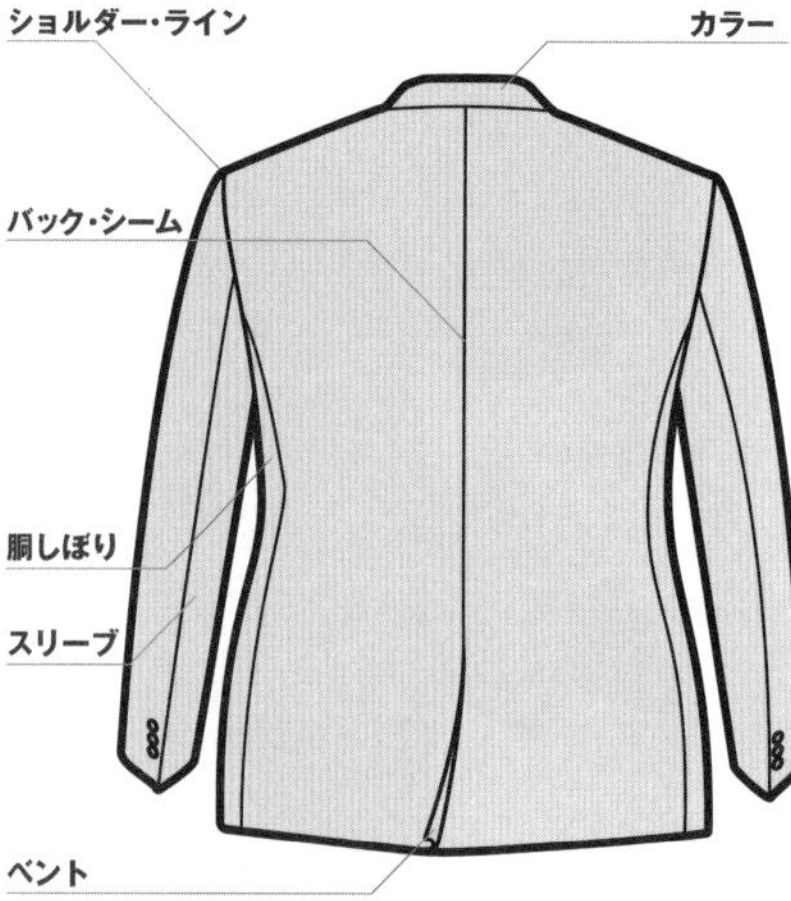

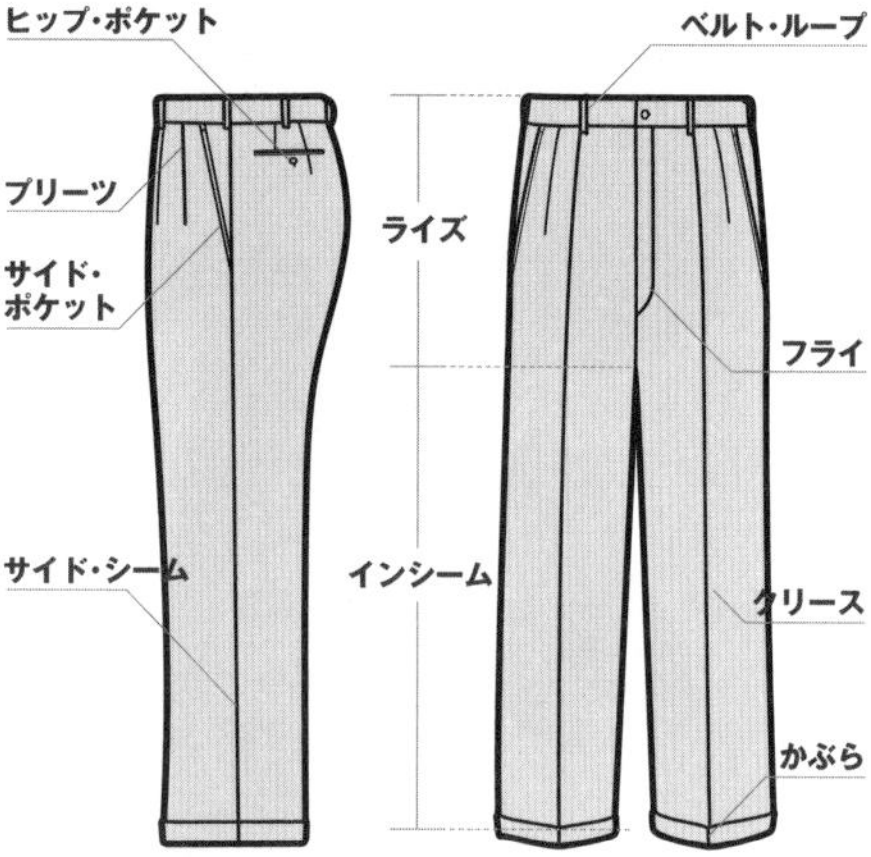

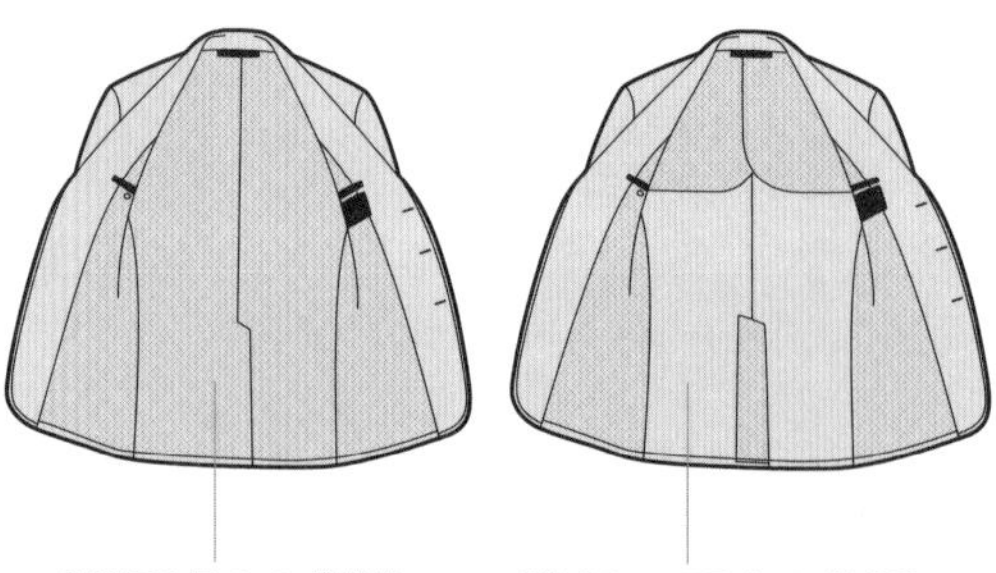
総裏(フルライニング)仕様　背抜き(ハーフライニング)仕様

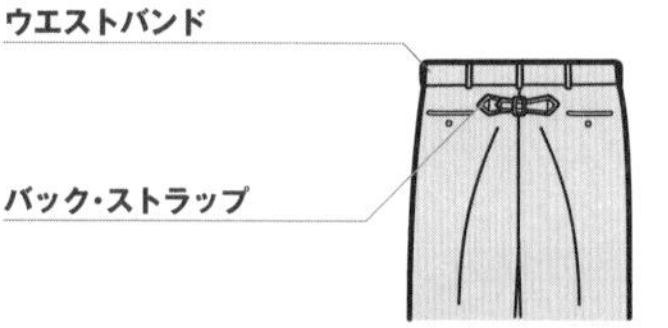

[ディテールの名称]

スーツには、些細な仕様にもそれぞれ名称があるものだ。ここでは、ナンバー・ワン・モデルを題材に、そのディテールを紐解きたい。

絵＝澤田 素

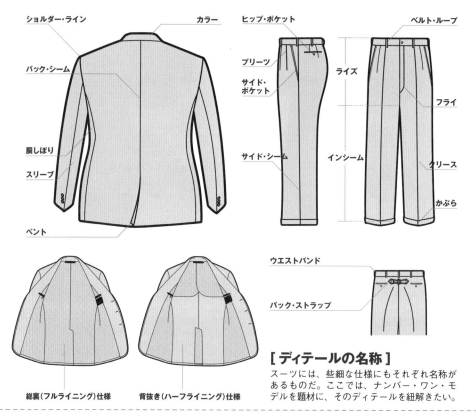

[ショルダー]

上着のシルエットを決定づける重要なポイントは肩である。パッドの有無はもちろん、縫製方法で、その違いは明確にあらわれる。

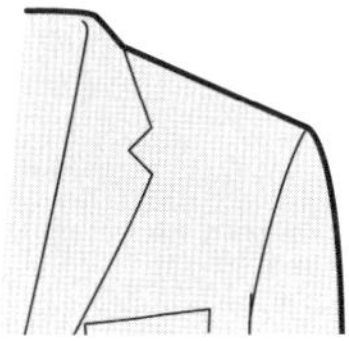

ブロード・ショルダー
肩幅を広くとったショルダー。胸部にドレープが生まれるのが特徴のディテール。

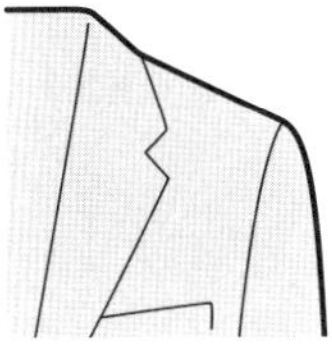

スクエア・ショルダー
厚めのパッドが入っており、肩先が角張ったショルダー。鋭角的な印象を与える。

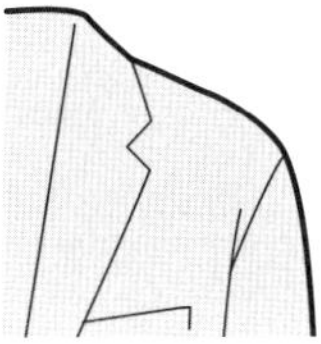

ナチュラル・ショルダー
パッドが入っていない、もしくは薄いパッド入りのショルダー。アメトラの典型的仕様。

[ラペル]

ラペルとは下衿のこと。上衿（カラー）との組み合せで、ジャケットの意匠的な印象を左右する重要なポイントとなるディテール。

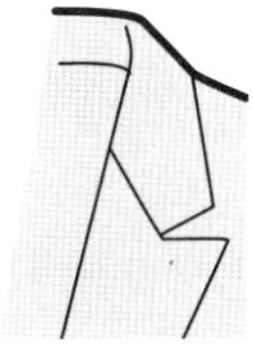

セミピークド・ラペル
ピークドラペルよりも、剣の角度が大きいのがポイント。フロア・レベルド・ラペルとも言う。

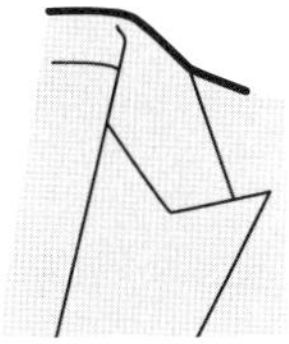

ピークド・ラペル
下衿の先端が上に向いている仕様。剣衿とも呼ばれる。ダブルブレステッドに多用される。

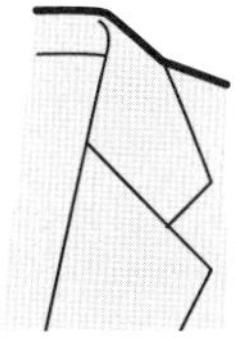

ノッチド・ラペル
ひし形の衿。片前背広衿とも呼ばれ、シングルブレステッドのジャケットの定番仕様。

[ポケット]

ポケットの形状も、そのつき方や、つく位置によって、それぞれ名称が変わってくる。

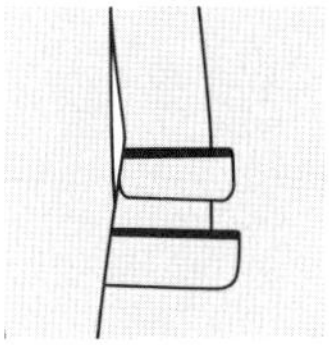

チェンジ・ポケット
小銭入れ用のポケット。ジャケットの右脇ポケットの上に、フラップつきでつくのが一般的。

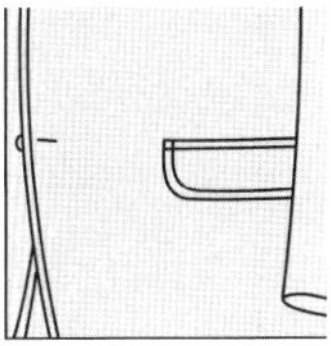

フラップ・ポケット
ふた付きのポケット。主にスーツの脇ポケットに使用されるディテール。

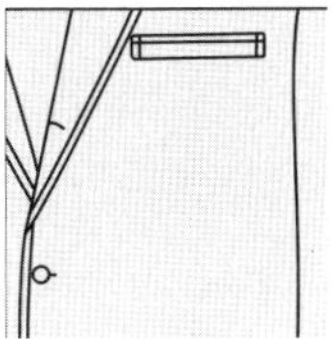

ウェルト・ポケット
ビジネススーツの胸元の定番仕様となっている、帯状の切りポケット。箱ポケットとも言う。

[ベント]

バックスタイルのイメージを決定づける、背中の裾部に入った割れ目や切れ込みのこと。

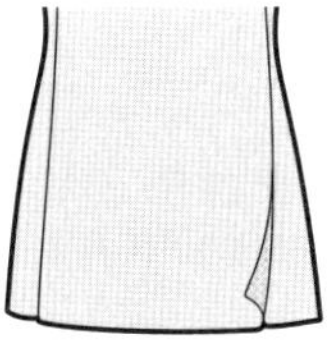

サイド・ベント
英国調のデザインに多用されているディテール。エレガントな印象を与えてくれる。

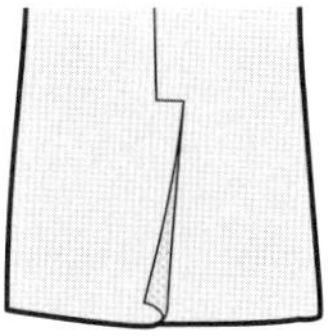

フック・ベント
フック（かぎ）型のセンター・ベントのこと。アイビースタイルの代表的なディテール。

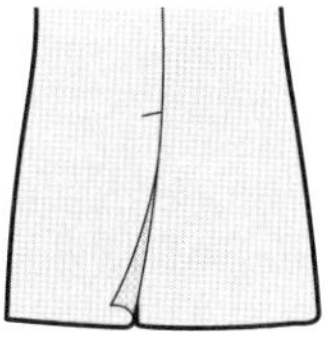

センター・ベント
一般的に、アメリカの影響が強いデザインに多い仕様。背部中央に１本だけ入れられている。

[ベスト]

シャツの上、上着の下に着るもので、袖がなくウエスト丈になっている。ウエストコート、あるいはジレなどとも呼ばれている。

ノッチド・ラペル
ひし形の衿がついたタイプ。デザイナーズ・ブランドのモデルに、合わせられることが多い。

ノーカラー
ごくごく一般的なトラディショナル・モデルには、このスタイルが合わせられていることが多い。

[パンツ]

そのシルエットにより、いくつかのスタイルに分別される。スーツに取り入れられているもので一般的なものは、左記の3つだろう。

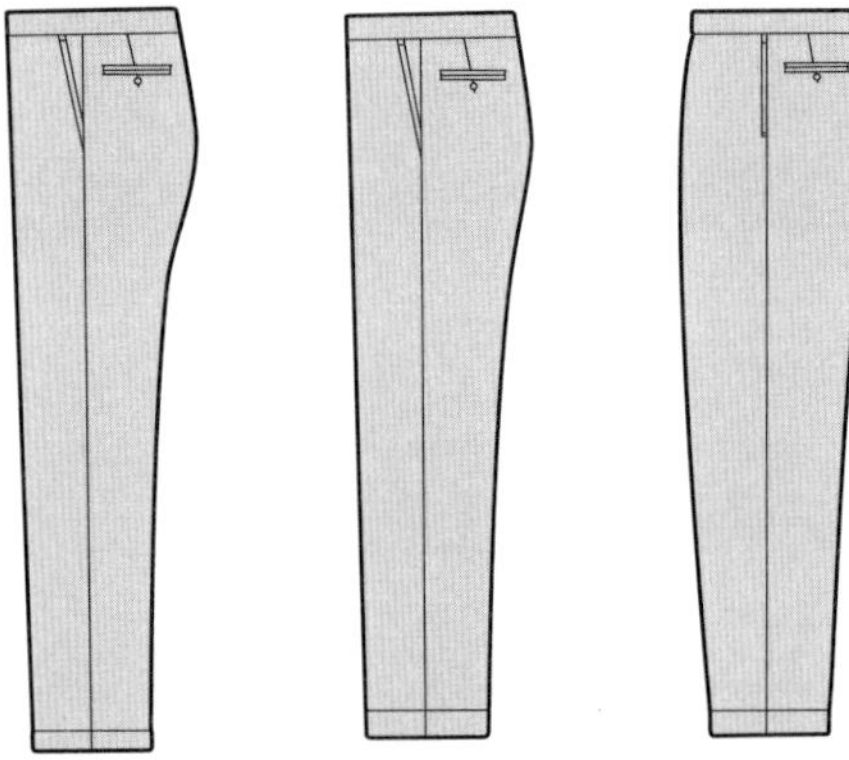

左／パイプステム
全体的にほっそりとしたストレート型のシルエット。アイビーボーイたちに愛されていた。

中／ストレート
パイプステムよりややゆったりとした、流行に左右されない直線的でベーシックなシルエット。

右／ペッグレッグ
腰回りがゆったりとしており、そこから裾にかけて徐々に先細りしてゆくシルエットのスタイル。

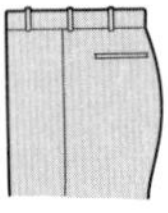

片玉縁(ヒップ)
細い縁を、別布をあしらって片方にだけとった縁取り式のポケット。

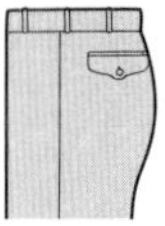

フラップ(ヒップ)
雨蓋がついたポケット。ヒップの両側、あるいは片方のみにつくことも。

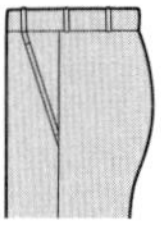

アメリカン(サイド)
傾斜した角度を持つ脇ポケット。アングルド・ポケットとも呼ばれる。

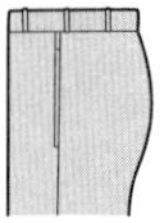

ストレート(サイド)
脇に真直ぐついたポケット。座った時を想定し、わずかにカーブしている。

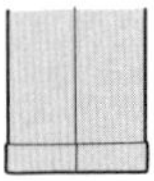

かぶら
パンツの裾の折り返しの部分。4〜4.5㎝程度折り返すのが一般的である。

フォブ
懐中時計を入れるために設けられた、クラシックな仕様のポケット。

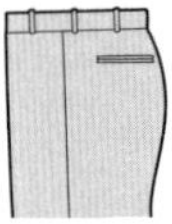

両玉縁(ヒップ)
上下両方に細い縁を別布であしらった縁取り式のポケット。

[ステッチ]

布と布を縫い合わすために、糸を刺している部分。この間隔や、糸の太さや色により、スーツの表情が微妙に変わってくるという大切なディテールだ。

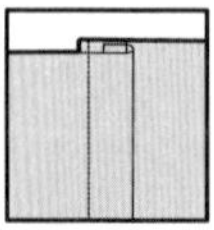

ウェルトシーム
シングルステッチとも呼ばれる。カジュアル感が強くなるのが特徴的。

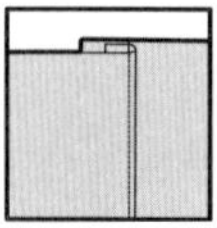

こばステッチ
ヘリ近くに刺されているステッチ。ドレッシーさを演出する効果がある。

プレーンステッチ
2枚の布を中表にして縫い合わせる。表からは、ステッチが見えない。

分解すれば一目瞭然！

スーツを構築する、パーツ研究

一着のスーツを構成するためには、多種多様のパーツが欠かせない。
例えば、一般的なナンバー・ワン・モデルの場合ならこの通りだ。

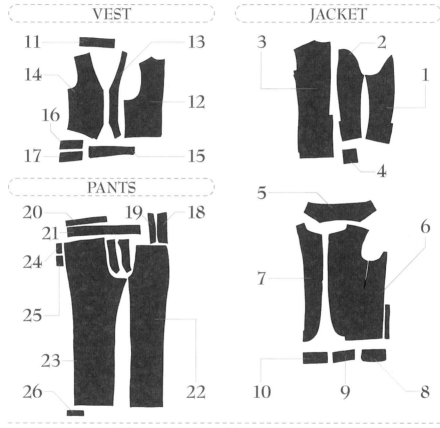

VEST

JACKET

PANTS

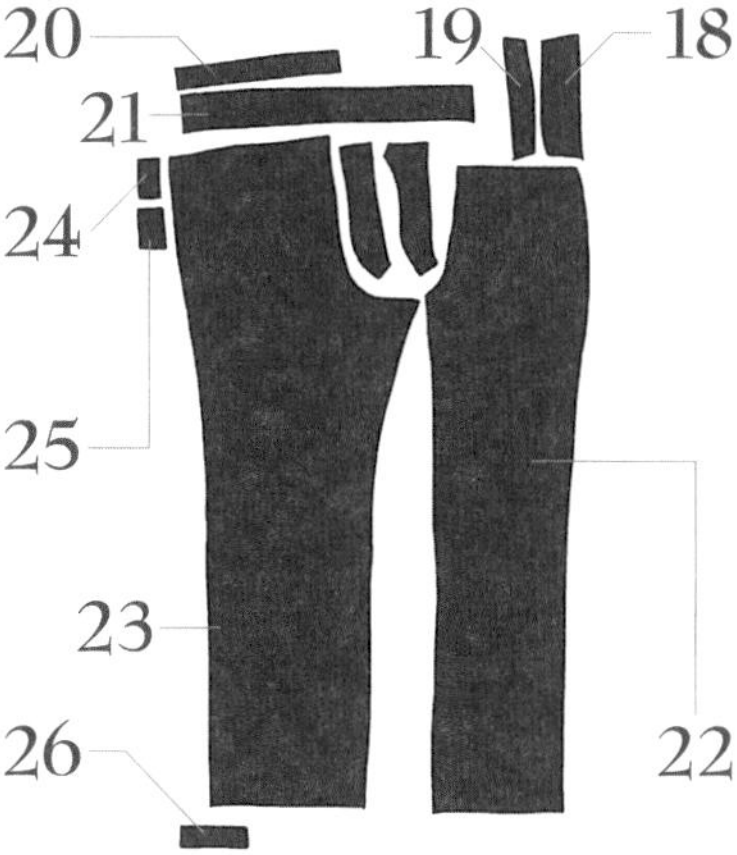

PANTS

18 脇ポケット(2枚)
19 口切(2枚)
20 ベルト・ループ(2枚)
21 ウエスマン(2枚)
22 パンツ前身頃(2枚)
23 パンツ後ろ身頃(2枚)
24 ヒップポケット(2枚)
25 口切(2枚)
26 靴ずれ(2枚)

VEST

11 衿みつ(2枚)
12 ベスト後ろ身頃(2枚)
13 ベスト見返し(2枚)
14 ベスト前身頃(2枚)
15 尾錠ベルト(2枚)
16 胸箱ポケット(2枚)
17 脇箱ポケット(2枚)

JACKET

1 下袖(2枚)
2 上袖(2枚)
3 後ろ身頃(2枚)
4 補修布(1枚)
5 上衿(2枚)
6 前身頃(2枚)
7 見返し[下衿](2枚)
8 フラップ(2枚)
9 口切(2枚)
10 箱ポケット(2枚)

絵＝中根ゆたか

スーツに不可欠な生地を一挙大公開！

永久保存版、素材と柄の大辞典

「生地は、スーツ自体の良し悪しを決めるにあたり、
重要なウエイトを占めるもの。着心地、
見た目、耐久性……。じっくりと吟味したい。」

Category 1

Material for Autumn & Winter

秋冬におすすめしたい生地

Wool

バラシア
菱形状の模様が特徴の、横畝組織の織物。通気性がありシワにも強く、フォーマルなシーンで用いられるウール素材。

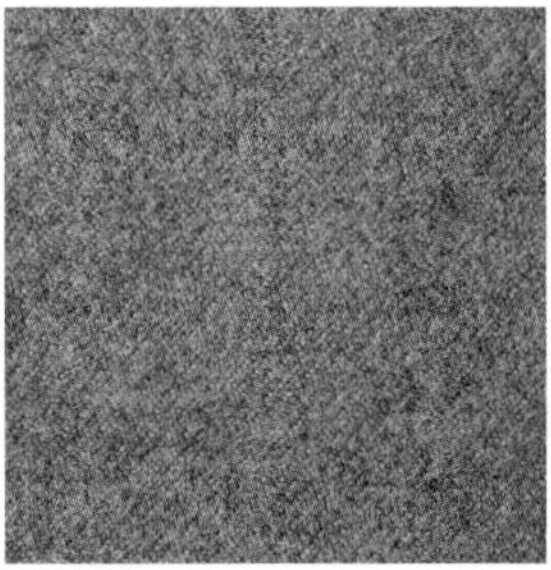

フランネル
素朴な味わいが魅力の英国生まれのウール生地。軽くて柔らかく、弾力があり、保温性が高いのが特徴。

ツイル
斜めの畝状に見える織り目があるウールの総称。綾織りともいう。通年で楽しめるのがポイント。

ツイード
厚手で、ざっくりとした素朴な味わいが特徴の紡毛織物。「ツイード」とは、スコットランド語で綾を意味する単語。

キャバリーツイル
畝が急傾斜で二重になった綾織りのもの。耐久性に優れ、弾力がある。ややカジュアルな趣きがある素材。

写真＝松崎浩之、協力＝吉田スーツ、アルヴェスティジャパン

Other animal hair

ヴァンキッシュ
2006年にドーメルが開発した、パシュナ80％と、ヴィキューナ20％をブレンドした最高級生地。

キャメル
原料は、アジア産のラクダからとれる。保温性があり、シルクのような光沢と暖かみのある色味が特徴。

ヴィキューナ
原料は、ラクダ科の稀少動物のもの。柔らかなわた毛を持ち、肌に吸いつくような感触が特徴。非常に高価な生地。

Mixed cloth

コットンツイル
別名綾織とも呼ばれている。ふくらみのあるソフトな風合いと、畝状に見える斜めの織り目が特徴。

Cotton

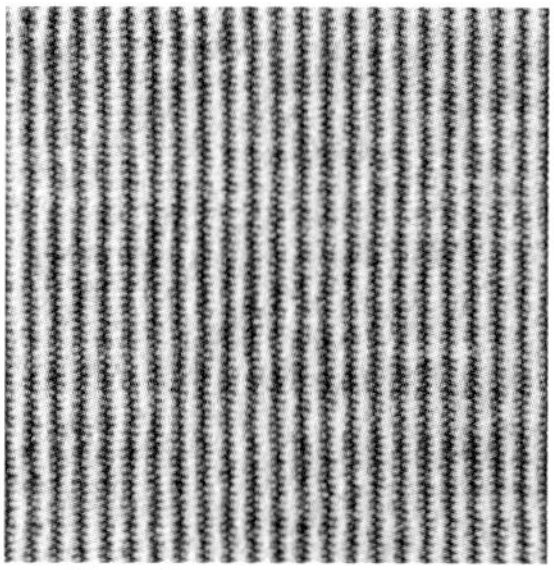

コーデュロイ
縦にケバの畝が並んだベルベット織物。クラシックからカジュアルまで畝の幅で表情が楽しめ、冬に多く用いられる。

Cashmere

カシミア
カシミア山羊の軟毛を綾織りにしたもの。軽量で保温性が高く、滑らかで深みのある色味と美しい光沢が特徴。

Wool

タッサー
縦糸と数倍太くした横糸を平織りしてできる、横畝模様が特徴のウール生地。通年使える上品な表情が魅力。

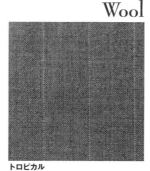

トロピカル
羊毛の長い毛を揃え平織りしたもの。目が粗くサラっとした手触りの薄手の生地。夏の定番生地として使われている。

Category 2

Material for Spring & Summer

春夏におすすめしたい生地

Cotton

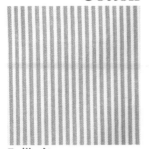

コードレーン
縦糸の方向に何本か糸を揃えて細いコード状の畝を作る平織りの生地。見た目にも爽やかな夏を代表する生地。

ポーラ
夏用のスーツに使われる代表格で、別名クールウールとも呼ばれる。異なる3本の糸からなるポーラ糸を平織りしたもの。

メッシュ
網目のような織りを施した通気性の非常に優れたウール生地。清涼感のある着こなしが楽しめる。

Linen

アイリッシュリネン
アイルランド産の亜麻繊維で織られた最高品質のリネンのひとつ。水や摩擦にも強く、高い汎用性を持つのが特徴。

リネン260g
150センチの長さに対して270gの重さのリネン。吸水、発散性に優れており、サマースタイルの定番ともいえる生地。

リネン240g
もっとも軽いリネン生地。リネンの特徴であるシャリっとした手触りで涼感のある真夏に最適な生地といえる。

Mixed cloth

シルクウール
独特の光沢としなやかな手触りが魅力のシルクをウールにブレンド。高級さと使いやすさを兼ね備えた生地に。

ウールモヘア
ウールに、光沢と柔らかさを持ったモヘアをブレンドし、さらにエレガントに。夏物のスーツ生地として愛用されている。

カシミアコットン
汗や水分をよく吸収し、保温、耐熱性に優れた綿と、柔軟な毛をもつカシミアをブレンドしたもの。上品な風合いが特徴。

Category 3

Stripe Pattern
ストライプ柄

ペンシルストライプ
鉛筆で線を書いたような縦縞の柄。ピンストライプより太く、チョークストライプより線が細い。ややカジュアルな印象。

ピンストライプ
ピンで打ったような極細の点線が縦に入った柄。クラシック柄のひとつとされ、きちんとした印象を与える。

オルタネートストライプ
2本の織り柄、もしくは色彩が交互に入った縦縞の柄。日本語に訳すと「交互縞」となる。やや装飾的で華やかな印象。

チョークストライプ
チョークで線を書いたような縦縞の柄。使用される生地が起毛しているものが多いため、そのような風合いがでる。

Category 4

Check Pattern
チェック柄

グレンチェック
2色からなる格子の中に細かい格子が重なった柄。グレナカートチェック、グレンプレイドとも呼ばれている。

ウインドウペーン
縦横の細い直線が垂直に交差した、窓枠のような格子柄。代表的なカントリー調の柄で、19世紀に英国で大流行した。

タータンチェック
元来スコットランドの住民が使っていた格子の紡毛織物。縦と横の縞割りが等しい大柄の格子で、紋章にも使われていた。

ガンクラブ
1色の格子の間に別色の格子を配した柄のこと。元は英国の狩猟クラブユニホームの柄だったことからついた名前。

ハウンドトゥース
一般的に千鳥格子という名称で知られる、古典的な格子柄のひとつ。2色で同様のパターンを繰り返すものが一般的。

Category 5

Other Pattern
その他の柄

バーズアイ
変わり織りの一種で、小鳥の目のように見えることから鳥の目格子ともいう。中に点の入った円い模様を織り込んだ柄。

ヘリンボーン
直訳すると「ニシンの骨」という意味。対になる斜めの線が交互に並ぶ。葉の形が似ていることから、杉綾ともいう。

Column

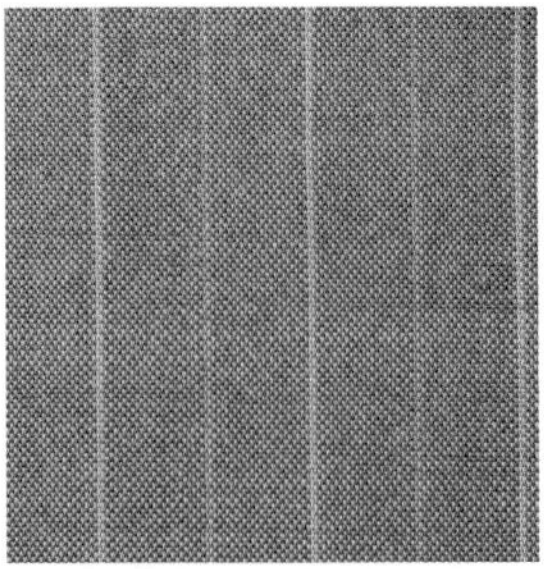

未来の定番素材になるか？
最先端テクノロジーが生んだ新素材

遠い昔に人々の文化から生まれた素材や柄が、今もなお愛され続けている。それと同様に、現在も最先端の科学技術を利用した新素材が、人々の手によって生まれ、注目を集めはじめている。イタリアのFINTES社では、ナノテクノロジー技術を応用し、長期間撥水や防泥機能を保つ生地を完成させた。これは、生地に超極小分子である特殊撥水成分を染み込ませたもの。生地の見た目や素材感に全く影響を及ぼさず、機能のみを付属させることができるスグレモノだ。日本の蒸し暑い夏もこの新素材の登場により、さぞ快適に過ごせることになるだろう。最新の技術によって作られたこれらの素材もまた、人々の中に馴染み、のちに文化となって愛されていくのかもしれない。

Chapter. 02

Buy Smart

間違いなく“通”と呼ばれる、スーツ購入学

違いのわかる男の最良の選択とは？

良質なスーツ選びは、良質な店選びから

自身の目指すスタイルを完成させるスーツを望むなら、やはり良きアドバイザーが欠かせない。豊富な知識と経験を持つショップスタッフがいる店ならば、諸君にとって心強い味方となるだろう。

頑固親父の店主から、お金には換えられないコダワリを学びたい

ことスーツ選びに関して言えば、今どきの若いビジネスマンたちは何の苦労も努力もしなくていいから幸せ者だ。

なにしろ昨今のスーツ市場ときたら、値段で選ぶか、ブランドで選ぶか、いっそのことオーダーで仕立てるか……。いやはや選択の自由が多すぎて選び放題、食べ放題状態ですから。

フレッシャーズシーズンともなれば、ＴＶのＣＭで若いアイドルたちが「フレッシャーズ諸君～、スーツ、ワイシャツ、ネクタイ、靴、鞄まで一式揃えてサンッキュッパ！」なぁんて言って、スーツ量販店で本当にサンキュッパぐらいで一式揃えて買えちゃう時代である。

しかもまた困ったことに、最近のスーツ量販店のスーツは昔と違ってなかなかに勉強しておって、なんの抵抗もコダワリもなく一式揃えてコーディネートしても、そこそこ格好がついて見えてしまうからコワイ。

しかしそれでいいのか、今どきのビジネスマン諸君。何の努力も勉強もせずして、何のコダワリもなくして、そこそこでもキミはいいのか？

じつはこの努力や勉強、コダワリというのはスーツを着る上で最も重要なことなのである。

そもそも、スーツというのはデザインや形に大きな違いはさほどなく個性を出すのが難しい。だからこそ素材や仕立ての良さ、Ｖゾーンのコーディネートや、靴、鞄、時計、ベルトといった小物など、細かなディテールの違いで自分らしさを演出して、着こなすものなのである。

やっかいなことに、それは誰でもすぐできることではなく、経験を積めば積むほど身につき、板についてくるのものなのだ。

つまりここで努力や勉強、コダワリが必要なんですな。そうしてまた、そういったことを身につけるためには、やはり正しいお手本も必要なのだ。

昭和の昔は、何をお手本にして、どこで学んだのかというと、いわゆるメンズショップの親父からだった。どこの街にも「メンクラ特約店」なんて看板を掲げたメンズショップが必ず1軒はあって、ＶＡＮやＫｅｎｔの商品が所狭しとディスプレイされた店内にコテコテのアイビーファッションでキメた「～ねばならぬ」な頑固親父の店主がいたものである。

カジュアルにせよ、スーツにせよ、そんなメンズショップの頑固親父の店主から「三つ釦ジャケットは中2つ掛けでなければならぬ」だとか「センターベント、ノッチドラペルでナチュラルショルダーでなければならぬ」だとか、「～ねばならぬ」なルールやコダワリを教わり、勉強し、お手本にしたのである。

今にして思えば、そんな街のメンズショップの頑固親父から教わった「～ねばならぬ」なルー

文＝いであつし

ルや、ファッション談話は本当に楽しかったなぁ。まだネットもケータイもセレクトショップもなかった時代のこと。

会社の部署を見渡せば、そういったコテコテのVAN世代なアラフィーやアラ還のアイビー上司が必ず1人はいるはずだ。

まぁ、今だに「〜ねばならぬ」なコテコテのアイビースタイルは昭和臭くて、お手本も何もどうかとは思うけど、少なくとも、バブル時代にDCブランドのソフトスーツなんぞを着てた世代の先輩上司よりは、よっぽどスーツの着こなしが身についているし板についている。

さて、今の時代は誰をお手本にして教わり、どこで勉強したらよいのだろうか。さしずめ現代のメンズショップの頑固親父にあたるのは、セレクトショップのスーツフロアのスタッフでしょうな。

寿司屋の腕を見るなら厚焼き玉子、定食屋の腕を見るなら生姜焼き定食、てなように、いまやセレクトショップの腕を見るならオリジナルスーツです。信頼のおけるセレクトショップのスーツならば値段、仕立ての良さ、デザイン、どれをとってもまず間違いない。スーツ童貞くんならなおさらのお相手である。もうね、わからないことは何から何までスタッフに聞いてもかまいません。試着もしまくってください。ことスーツ選びに関しては、それは全然恥ずかしいことでもみっともないことでもありません。むしろ知ったかぶりなんかしないほうがいい。

ただ1つだけ言わせてもらうと、エリアシがやたら長かったりお洒落無精髭を生やしてたりする自分と同世代やチョイ上ぐらいの若いスタッフではなくて、できれば（いらっしゃったら）その店で一番古株の、うんと年上のスタッフを探して声をかけてみてください。そんなスタッフから教わることは、それこそお金には換えられない勉強になることだらけなんだから。

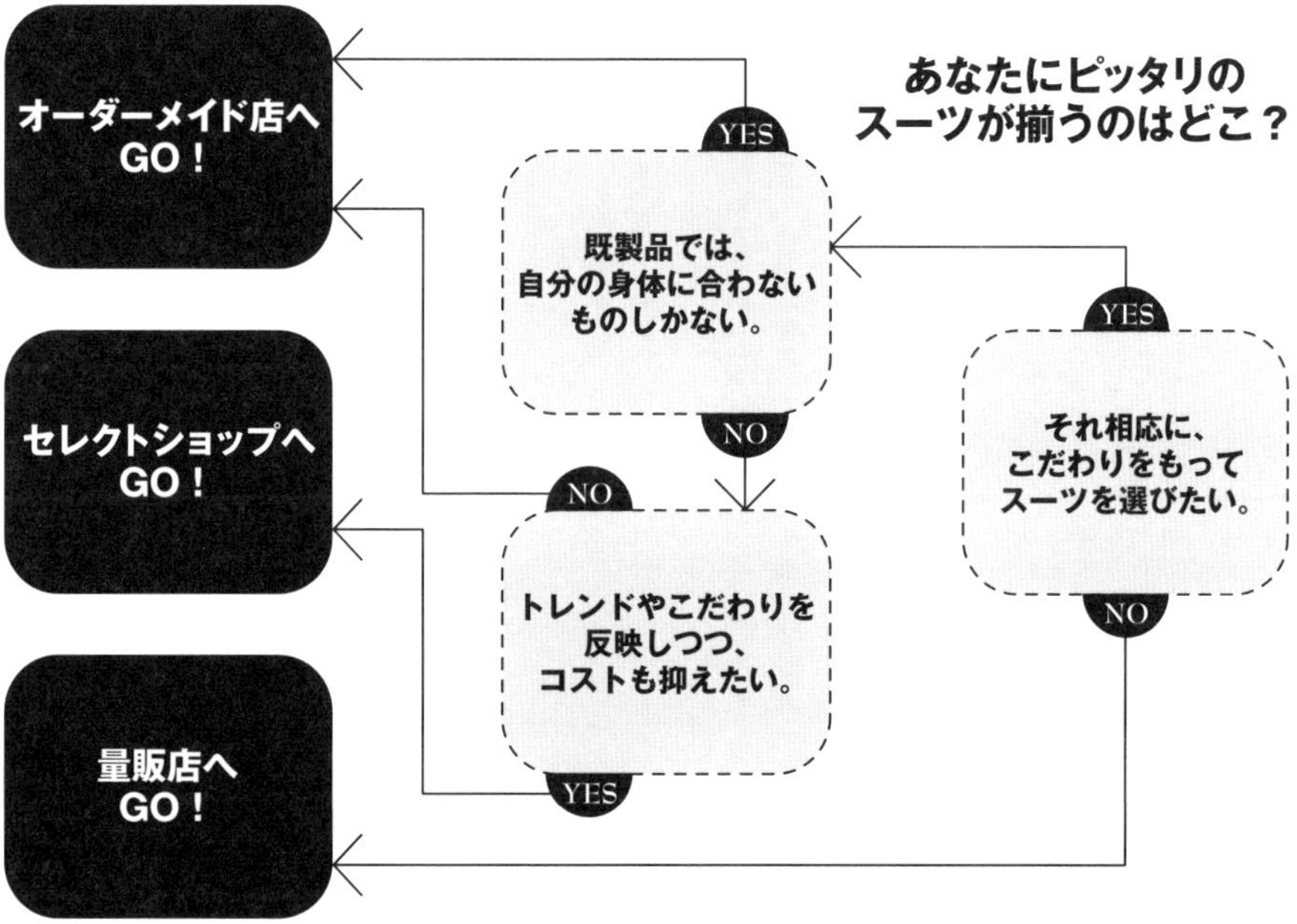

あなたにピッタリのスーツが揃うのはどこ？
それ相応に、こだわりをもってスーツを選びたい。
YES
NO
既製品では、自分の身体に合わないものしかない。
YES
NO
トレンドやこだわりを反映しつつ、コストも抑えたい。
NO
YES
オーダーメイド店へGO！
セレクトショップへGO！
量販店へGO！

スーツって、いったい何着必要？

1着2休から逆算する、最低限のワードローブ考

スーツの購入にあたって、湯水のようにお金をかけられる方々はさておき、一般的には最小限の投資額で、最大限の効果を入手したいというのが本音だろう。ここで提唱するのは、その購入すべき最低限のスーツの数とその種類である。

諸君のワードローブに欠かせない秋冬の3着と春夏の3着はコレ！

「こいつがオレの一張羅」だなんて言って、毎日毎日、同じスーツばかり着ていたりしないだろうか？　断言しよう。そんな愚行、ただちに止めるべきだと。

というのも、諸説あるが、人間はぼんやりと1日を過ごしているだけでも、0.5リットルくらいの汗をかいてしまうもの。これが、ハードなビジネスシーンであった場合、1～1.5リットルくらいにも及ぶという。

そんな汗が、お気に入りのスーツを内側からひたひたと湿らせていることを想像すると、なんともおぞましい限りである。

ゆえに、1日着たスーツは、こちらも諸説あるが、最低でも2日は着用を控えて、しっかりと汗の湿り気を取り除いてやらないとマズイ。そうでないと、脂分を含んだ湿気が、せっかくのお気に入りのスーツの生地を傷めてしまいかねないからだ。

そんなわけで、とにかくスーツの着用は最低でも「1着2休」が基本。だから、ウィークデイを乗り切るためのワードローブには、最低限として3着のスーツが必要といえるのだ。

となると、次に問題となるのが、どんな3着を選ぶかだ。しかも、秋～冬と春～夏とでもわけておきたい。このあたりは個人の趣味趣向の問題はもちろん、着用シーン、会社内での立場も関係してくる部分。おおいに悩みたいところである。

例えば、社会人経験もそこそこついてきて、スーツを自己のプレゼンテーションのツールとして認識するアラサー男子の読者が所有したい3着を想定した場合、東京は国分寺にあるテーラー「吉田スーツ」（26頁参照）の吉田務さんは、こんな提案をしてくれた。

「秋冬では、まず誠実な印象をアピールするアイビー・アメリカントラッドスタイルのチャコールグレイの無地の3つボタン段返り。次に、定番柄ながらも、ネイビーやグレイ全盛のビジネススーツの中ではフレッシュさをアピールできる、ハウンドトゥースの3つボタン。それから、英国調の気品を感じさせるワンランク上の着こなしを楽しめるグレイのウインドウペーンの3つボタンでしょうか。春夏なら、はっきりとした柄で存在感を主張するネイビーのストライプの3つボタン。次に、強い張り感と素晴らしい光沢が持ち味のモヘアを使った、ハイクラスな雰囲気を引き立てるグレイの無地の2つボタン。最後に、独特の色調にこだわった、ひと味違う魅力を静かに語りかけるネイビーの無地の2つボタンといったところがオススメです」

基本をしっかりと押さえておきながらも、大人ならではの上質な「こだわり」と「遊び心」を絶妙に盛り込んだセレクト。おおいに参考にさせていただきたいものである。

写真＝五十嵐和則、スタイリング＝小池裕貴

Autumn & Winter

グレイウインドーペインの3つボタン
大人の上質な雰囲気が漂う、英国調の気品あるウインドウペーン柄が配されたフランネル地を使用。無地やストライプに飽きた上級者にオススメしたい。

ハウンドトゥース3つボタン
ボタンとボタンホールのステッチを黒にしているのがポイント。これにより引き締まった印象に。モノトーンのシャツやネクタイを合わせれば知的さも加わる。

グレイ無地の3つボタン
1960年代に確立されたアイビー・アメトラスタイル。シャツはボタンダウン、タイはレジメンタルを選び、アイビー世代の上司にも好印象を与えたい。

Spring & Summer

ネイビー無地の2つボタン
舶来生地独特の色調が魅力の逸品。ポケットを斜めにして、ウェストの絞りを強調。裾にかけての優雅なフレアーのフィット感も吉田スーツならではの「技」。

グレー無地の2つボタン
夏の高級定番生地として世界中で愛されるモヘアを使用。色はグレイと控えめながら、上質な生地と上質な仕立てからにじみ出るハイクラスな雰囲気が秀逸。

ネイビーストライプの3つボタン
はっきりしたストライプをあしらったインパクトある生地が、存在感を主張。地のネイビーは少し明るめなので、暑苦しさを抑えて涼しげな雰囲気を漂わせる。

そのスーツ、あなたに合ってますか？

スーツ選びの胆は、フィッティングにあり

自分らしいスーツスタイルの構築のためにも、身体にジャストフィットしたスーツ選びは必ず実践したい。ここでは、そのために欠かせない基本知識を紹介しよう。これらを頭に入れ、自身の身体でジャストフィットとは何かを体得していただきたい。

スーツ選びの大切なポイントは、最適なフィット感である

紳士の装いの中で、もっともエレガントなものとされるのがスーツ。ただし、それは着る者にピッタリとフィットしたものであるということが、大前提であることを忘れてはならない。

ということはつまり、どんなに有名なブランドのデザインであっても、どんなに艶やかな高級素材を使って仕立て上げられていても、結局は自身の身体に合っていなければ、まったくもってすべてが台なしになってしまうほど、ジャストフィットでスーツを着ることは重要なことなのである。

さて、まず覚えていただきたいのが、サイズ標記のこと。多くの人にとって、この標記がスーツ選びの道標となるはずだ。日本の既製服では、JIS規格に準じたサイズ標記が基本。しかし、昨今では独自のサイズ展開をしているブランドも増えているので、あくまでも「目安」と割切って頭に入れたい。

スーツサイズの国別比較

日本			アメリカ イギリス	イタリア	フランス
	身長(号)	身長(cm)	インチ	cm	cm
S	3	160	-	42	40
	4	165	34	44	42
M	5	170	36	46	44
L	6	175	38	48	46
	7	180	40	50	48
LL	8	185	42	52	50

イギリス・アメリカサイズは胸囲をインチ表示したもの、イタリアとフランスのサイズはcm表示の胸囲を2で割ったものがサイズ標記の基本的な考え方。ただし、メーカーやブランドごとに違いがあるのでご注意を。

日本のJIS規格表示に基づくサイズ標記

日本製品のJIS規格に基づいたサイズ標記は、胸囲と10種類の体型区分、身長を組み合わせて表示される。例えば、右記の表示であれば、胸囲92cm、体型A型、身長5号となる。体型区分とは､胸囲と胴囲の差（ドロップ寸）を基準とした10種類。身長は、上記の国別比較表に基づく号数標記となる。

92 A 5

胸囲（cm） **体型（体）** **身長（号）**

体型(体)	J	K	Y	YA	A	AB	B	BB	BE	E
ドロップ寸(胸囲と胴囲の差)	20	18	16	14	12	10	8	6	4	寸法差なし

絵＝カズモトトモミ、中根ゆたか

ジャストフィットを実現するために6つのポイントを押さえよ

サイズ標記をマスターしたならば、続いては具体的なフィッティングのポイントについて検証をしたい。

そもそも、人間の身体は曲線で構成されているもの。その複雑な丸みに沿って、適切に裁断、及び縫製されているスーツこそ、正しいフィット感を提供しうるものであり、最良の着心地とスマートなスタイルを実現するものといえる。

この前提を具体的に確認するポイントは、①肩合わせ、②胸まわり、③袖丈、④着丈、⑤ヒップライン、⑥パンツ丈。

これらの6つのポイントに関しては、個別に下記で詳細を述べるが、ここをハズしてしまうと、スマートな着こなしからはほど遠いスタイルになってしまうので、心してチェックに励みたいものである。

Fitting point

チェックすべき6つの要素

POINT 01 肩合わせ

肩が袖付け部分にしっかりと収まり、フィットしているかをチェック。この際、背中の衿下部分にシワが出ていないかも入念に確かめておきたい。

POINT 02 胸まわり

胸まわりには動きやすさを考慮して、ボタンを閉じた状態でこぶしがひとつ入るくらいのゆとりを確保したい。最近流行のタイトシルエットであっても然り。

POINT 03 袖丈

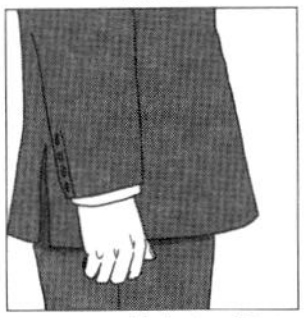

スーツの袖丈のバランスは諸説あるが、軽く腕を伸ばした時に、シャツの袖が1～2㎝くらいの長さがのぞくくらいのバランスが良いだろう。

POINT 04 着丈

トレンドの影響も少なからずあるポイントだが、一般的にはヒップがギリギリ隠れるくらい、あるいは短くてもせいぜいヒップの8割くらいの長さを確保。

POINT 05 ヒップライン

余計なもたつきがヒップまわりになく、かつワタリ（太もも部）に適度なゆとりがあるかをチェックしたい。クリースが美しい直線を描かないようではNG。

POINT 06 パンツ丈

前裾が、「く」の字を描き、若干のくぼみができるくらいの長さ（＝ハーフクッション）を目安にしてパンツ丈を設定。靴のデザインとのバランスも忘れずに。

Ⓐ総丈
Ⓑ上着丈
Ⓒ肩幅
Ⓓ背幅
Ⓔ袖丈
Ⓕ裄丈
Ⓖ胸幅
Ⓗバスト（胸囲）
Ⓘウエスト
Ⓙヒップ
Ⓚスラックス丈
Ⓛ股上
Ⓜ股下
Ⓝ渡り幅

自分仕様を纏う悦び

オーダーメイドの極意

「自分仕様」に誂えられた逸品を身に纏うことは、洒落者たちにとって至上の悦び。「オーダーはちょっと敷居が高い」なんて躊躇していてはもったいない！　吉田スーツの吉田務さんのアドバイスに耳を傾け、その魅惑の世界に足を踏み入れたい。

トレンドのスタイルからオールド・スタイルまで、共同作業で素敵な一着を

オーダーメイドと聞いて、ついつい腰がひけてしまう方も多いのではないだろうか。こちらに知識がなかったばかりに、変なスーツが出来てしまうのではないか？　どうすれば上手に楽しくオーダーできるのか？　そんな疑問を、吉田スーツの店主・吉田務さんにぶつけてみた。

「初心者の方は、わからないことや疑問点、やりたいことを全部、テーラーに伝えてください。その上で疑問を解決し、おかしな部分や通常は行わない仕様があれば、テーラーがアドバイスをするはずですので、恥ずかしがらずにスーツへの思いをぶつけてください。なぜなら注文主でありお金を払うのはお客様自身なのですから、納得できないまま注文し、その結果、不満が出ては元も子もありません。そのためには、具体的なイメージを持つこと。できれば雑誌や本などに掲載されたスーツの写真や、これまで着てきた中で一番、身体に合い、気に入っているスーツなどをお持ちいただけると非常に参考になります。また、初めてのオーダーだからといって欲張らず、なんでもかんでも詰め込もうとしないこと。まずは〝身体にフィットして着心地のいいスーツを一着作る〟ぐらいの気持ちで臨めばいいでしょう。もし、すでにオーダー経験をお持ちでしたら、これまでに作ってきたスーツのラインナップをお知らせくだされば、次の一着についての生地やスタイルをご提案できるでしょう。つまり、オーダースーツとは、話し合いながら、お客様とテーラーが心を通わせ、お互いが納得し、より良い一着を作り上げる共同作業。ですから、ご自身の思いや意見とプロであるテーラーのアドバイスを上手にすりあわせることで、より深く楽しむことができるのです」

案内人／
吉田スーツ店主・吉田 務
東京都国分寺市南町 3-11-2
☎ 042-323-8383
http://www.yoshida-suit.com/

写真＝松崎浩之

1

生地選び

まずは、店内に用意されているサンプル・バンチ（生地見本帳）や現物の生地を眺めながら、使用する生地を吟味する。生地によってそれぞれ特性が異なるので、どのような用途（使用シーン）のスーツを求めているかをテーラーに伝えれば、ハズさない生地選びができるはずだ。

2

採寸

生地が決まったら続いては採寸。作業をスムーズに行うためにも、店にはサイズがぴったりとしたお気に入りのドレスシャツを着て訪れたい。そうすれば、完成後に修正する必要もほとんどなくなるのだとか。サイズ見本服を活用しながら、適正なサイズを導き出す。

3

スタイルの決定

仕立てのグレード（手軽なベーシック・ビスポーク・ライン¥30,450〜、より高度な仕立てのエグゼクティブ・ビスポーク・ライン¥61,950〜、手作業を多用した最高峰の仕立てのプレミアム・ハンド・ライン¥124,950〜）と、好みのスタイルを相談しながら決定する。

4

ディテールの決定

おおまかなスタイルを決定した後は、ディテールについての相談をする。裏地の種類や、総裏にするか背抜きにするか、ボタンの種類、ステッチの有無と入れ方、袖口のボタンの処理（本切羽にするか）などを細かく決めてゆく。仕様により料金も変わるので、すべて確認後に発注。

5

本仮縫い

発注時に希望すれば、本仮縫いを依頼することも可能（オプション料金¥15,750が必要）だ。発注から2〜3週間程度後に店舗に足を運び、仮縫い服を纏い、テーラーが細部を補正してゆく。より厳密なフィッティングには欠かせない工程なので、おおいに活用したい。

6

完成！

待つこと数週間（仕立て方法により納期は異なる）、ついに完成！　ぜひ店舗に足を運んで、その場で袖を通してみて欲しい。ごく稀だが、若干の修正が必要になるケースがあるからだ。もちろん、問題なければそのままお持ち帰り。自分仕様の逸品を持つ悦びを噛み締めたい。

吉田スーツなら、アフターケアもバッチリ!!

実際に着用し、何か不都合があった際は、気軽にテーラーに相談してみよう。吉田スーツはもちろん、優良なテーラーならスーツのアフターケアにも積極的に対応してくれるはずだ。

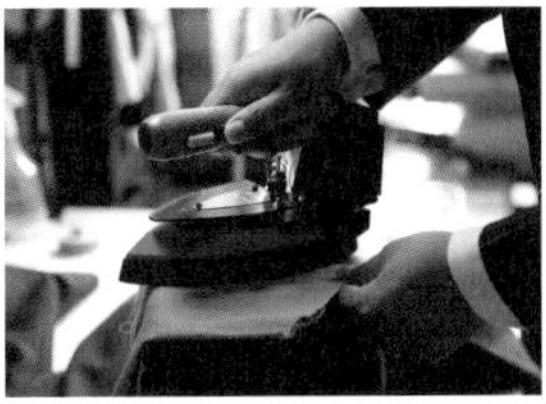

オーダー専門店、
吉田スーツの
最上級ラインの
スーツ「吟醸仕立」。
吉田スーツに関しては、
P26を参照。

Q&A

1問1答で明解解説！ スーツの"ねばならない"

Buy Smart編

実際にスーツを購入する際に気になる、あんな疑問やこんな疑問。すご〜く真面目なものから、逆にゆる〜いものまで、一挙大公開します！

Q いいスーツって、結局はどこがどう違うのですか？

A 写真では伝わりにくいですが、とにかく着心地が軽いのです。

いいスーツの定義というものは、実は明確に存在するわけではありません。それは、所有者の「満足度」とも密接に係わってくるものなのですから。ただ、自分の身体にフィットし、かつ着心地がいいという点はハズせません。吉田スーツの最上級ラインを例にとると、かっちりとした見た目に反し、驚くほどの軽い着心地が体感できます。

絵＝カズモトトモミ、写真＝松崎浩之、関根明生、五十嵐和則、スタイリング＝小池裕貴

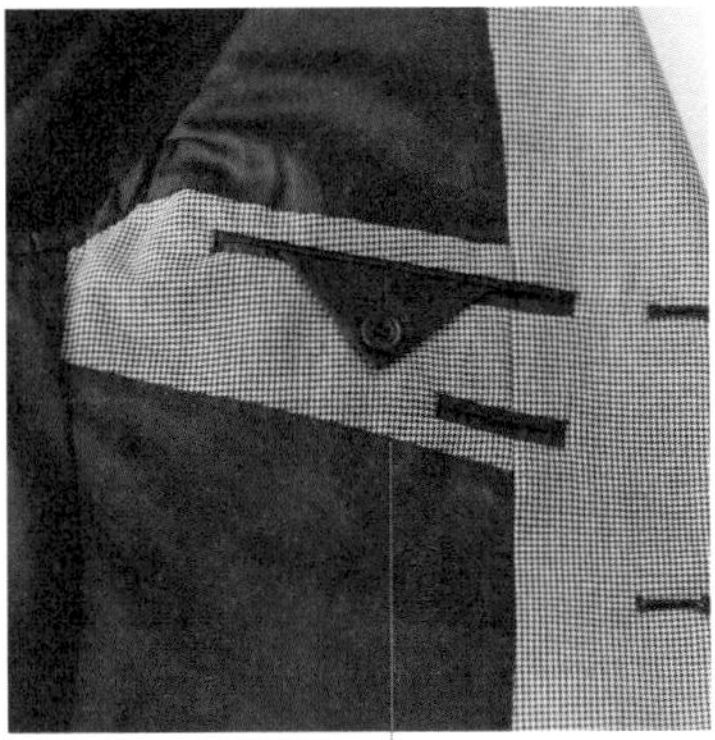

確かに、
"お台場"に
似ている!?

Q お台場仕立てって、そんなにアリガタイのですか？

A 隠れた部分へのこだわりの証し、アリガタイじゃないですか。

お台場仕立てとは、内ポケットの周りにまで表地を延ばした仕立てのこと。あの東京湾に突き出た「お台場」に似ていることから、こう呼ばれています。で、実はこの仕立て、ハンドメイドならではの仕様であり、ある意味で丁寧な仕事ぶりをうかがうディテールとも言えます。見えない部分へのこだわり、男心をくすぐりますねぇ。

Q 本切羽じゃないスーツは、ダメなんですか？

A 決してダメではないです。ただ、本切羽なら小粋なお洒落が楽しめます。

本切羽とは、袖ボタンを外して実際に袖口を開閉できるように仕立てる、昔ながらのオーダーメイドで用いられる技法。現代では、単純な装飾的な意味合いしかもたないので、初心者はあまり気にしなくてもいいかもしれません。ただし、ここが開閉できることによって、着こなしにアクセントをつけることができる点は、要注目です!!

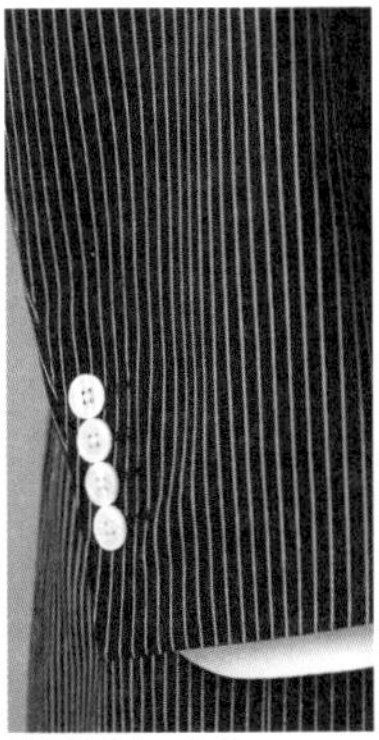
本切羽でないもの。

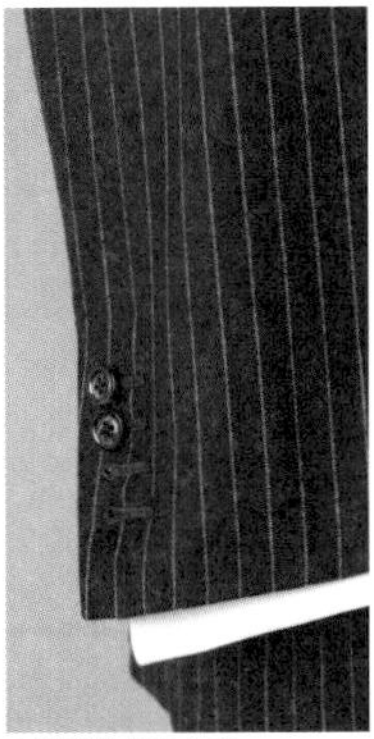
本切羽仕様のもの。

Q メタボ気味で悩んでます。メタボを隠せるスーツってあるんですか？

A 縦のラインを強調する、ストライプ柄がオススメです。

まずはダイエット！　と断言したいところですが、諸々の都合でそうもいかない人も多いでしょう。そんな方には、クッキリとしたストライプ柄が入った、ダークトーンのスーツがオススメです。これならタテのラインが強調されるので、その視覚効果でほっそりとした印象に映ります。ちなみに、ボーダーはメタボを強調しますからねっ！

Q 顔がデカイのも隠せちゃうと嬉しいのですが……。

A 太めのラペルのスーツを選べば、小顔効果が期待できます。

こちらも視覚的効果を応用したもの。シャープで細いラペルのスーツでは、顔の丸さがやたらと強調され過ぎてしまい、顔が浮き上がって見えてしまうものです。なるべく太幅のラペルのスーツを選び、顔とのバランスを上手に保つのが小顔効果の秘訣です。他にも、ゴージラインや肩幅の高さも関係してくるので、いろいろ試してみては？

Q 将来のことを考え、つい大きめのスーツを選ぶのは間違いですか？

A 断言します。それは絶対にNGです!!

こちらの危機感とは裏腹に、日々進行するメタボ化の流れ。今日は着られたお気に入りの一着が、1カ月後にはキュウキュウで着れなくなっているかも……。そんな杞憂から、ついつい大きめのスーツを買おうとしてませんか？　別項で触れた通り、正しい着こなしには、適切なフィット感が不可欠。ヤボな選択はぜひとも控えましょう。

Q 2つボタンと3つボタンのものとでは、どちらがスマートに見えますか？

A シャープで深めのVゾーンのものなら、どちらでもOKですよ。

ひと昔前のスーツと比べて、昨今ではVゾーンを深めにとり、タテのラインをシャープに強調したスマートな印象のものが主流になってきています。今日的スマートさを追求するなら、そこの部分はハズさずに押さえたいもの。逆に言うと、そこさえハズさなければ、ボタンの数は特に問題にはならないということです。

深めのVゾーンの
段返り3つボタン。

シャープなVゾーンの
2つボタン。

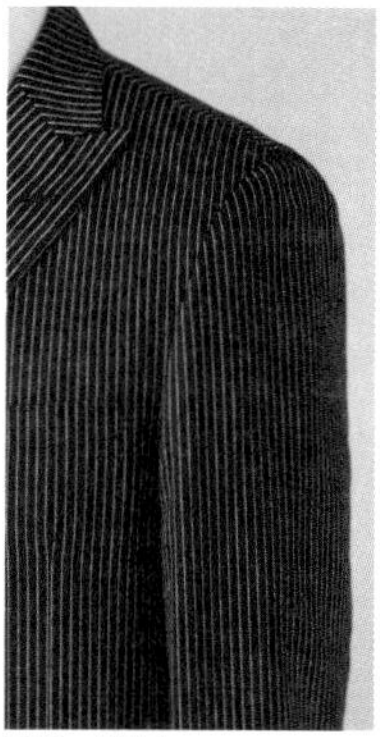
肩パッドなし

肩パッドあり

Q 肩パッドって必要なものなのですか？

A ジャケットならともかく、スーツにはやっぱり肩パッドは必要です。

クラシカルなルールにのっとるならば、ジャケットならともかく、スーツには肩パッドは欠かせないものです。ただ、こと最近のビジネスシーンにおけるトレンドとしては、パンパンにパッドが入った構築的なショルダーラインのものよりも、薄めのパッドが入ったナチュラルなショルダーラインのものが主流になっています。

サイドベンツ

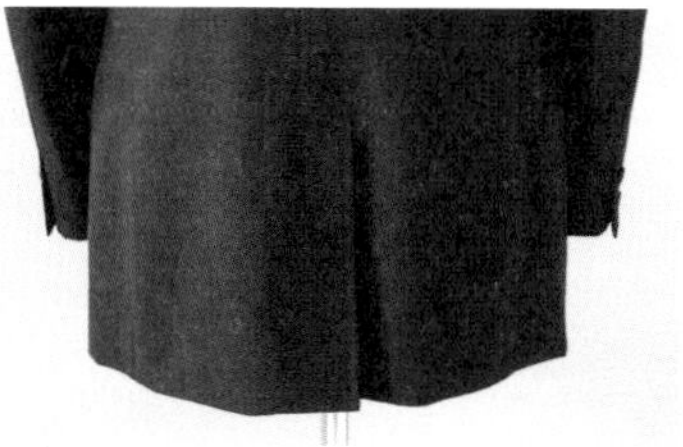
センターベント

Q サイドベンツとセンターベントでは、どちらがエレガント？

A 一般的には、英国的なサイドベンツでしょう。

もちろん、例外もたくさんあるのですが、一般的には華やかさが際立つ英国スタイルのスーツにはサイドベンツが、米国スタイルのスーツにはセンターベントが多く見られます。なので、エレガントということに関して言えば、英国的なサイドベンツの方が適しているでしょう。ちなみに、正統なフォーマルウェアにはベントはありません。

Q スーツの袖は、どれくらいの長さが「正解」ですか？

A シャツの袖が、だいたい1～2cmくらい覗くのがベストです。

スーツの袖から覗くシャツの長さには諸説あり、なかなかこれが正解！　と言い切りにくいのですが、1～2cmと考えておけば間違いないでしょう。逆に、これよりも長過ぎたり短過ぎたりすれば、スーツやシャツ自体が安っぽく見えてしまうので要注意。大枚はたいて買ったインポートのシャツを、活かすも殺すもこの長さ次第なのです。

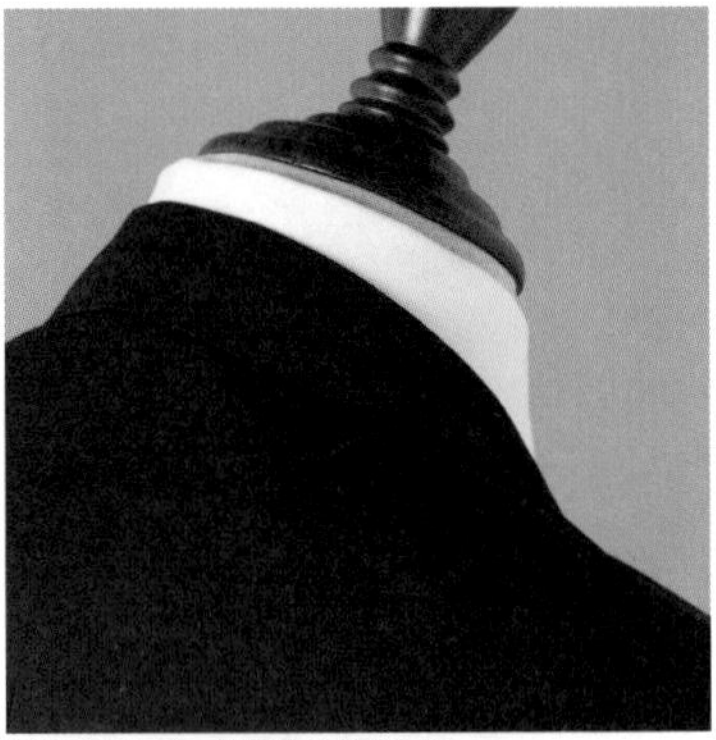
後ろは1.5～2cmほど見えるように。

Q では、シャツの後ろ衿の見え方の「正解」は？

A こちらは、1.5～2cm見えるくらいがベストです。

最近では、衿腰の高いインポート物も多く流通している関係で、こちらもなかなか断言しづらい部分ではあるのですが、一般的なところでは1.5～2cmくらいがちょうどいいバランスと考えてよいでしょう。ちなみに、シャツの首周りの適切なサイズは、指1本が無理なく入るくらいと覚えておきましょう。キツ過ぎやブカブカはNGです！

Q ノープリーツとワンプリーツのパンツは、どっちが正統派？

A クラシックなスーツの仕様なら、ワンプリーツです。

ノープリーツのパンツは、クラシックの観点からいえばスポーティなものとして扱われるもの。逆にプリーツが入っているパンツは、エレガントな正統派スタイルと位置づけられます。ここ数年のトレンドとしては、ビジネススーツにおいても細身のラインのパンツが圧倒的に主流。クラシックにこだわらなければノープリーツもアリです。

ノープリーツ

ワンプリーツ

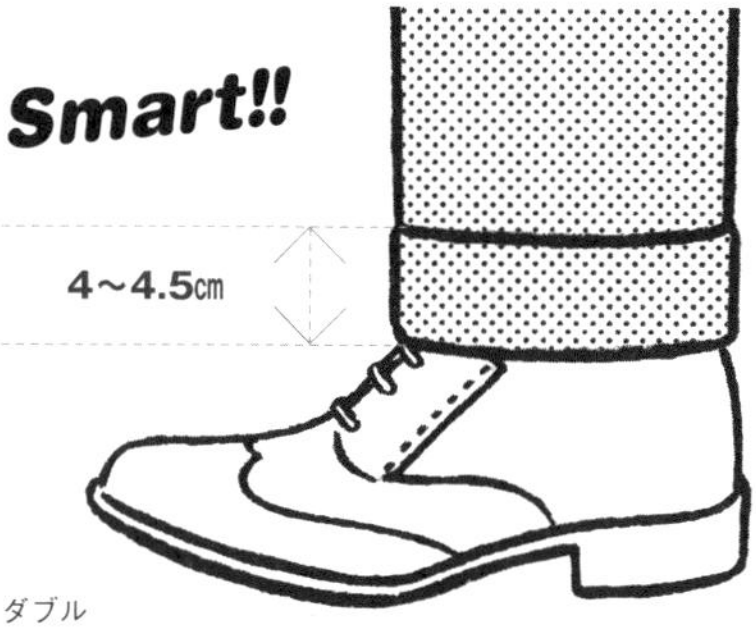

ダブル

モーニング

シングル

Q パンツの裾の処理は、どうするのが一番いいですか？

A 一般的には、ダブルにしておくのが無難でしょう。

元来、スーツのパンツに折り返しはありませんでした。フォーマルシーンでの活用には、シングルが最良の選択といえます。ただし、ビジネスシーンにおいてはダブル仕上げにするのが一般的。折り返し幅は、3.5～5㎝の間ならOKで、4㎝くらいが最近のトレンドです。脚長効果も期待できる、モーニングという選択もオススメ。

燕尾服には白のカーネーションを。夜間準礼装には、真っ赤な花を挿すなど実はちょっとした決まりがある。

Q フラワーホールのないスーツは、買ってもムダでしょうか？

A そんなことないです！ただ、あればそれなりのお洒落ができます。

今日ではあまりフラワーホールを活用する人を見かけなくなりましたが、かつてウェルドレッサーであった、ウィンザー公やフレッド・アステアたちは、この部分にその名の通り「花」を挿し、粋な着こなしを楽しんでいました。最近の既製品ではフラワーホールが開いていないものが多いのですが、もし開いていたらぜひトライを！

Q たまに見かけるこのワッカ、必要なものなのですか？

A 実は付いていたら、なかなか便利なものなんですよ。

まぁ、最近ではついていないことの方が多いのですが……。これ、ベルトのバックルのピンを通して、ベルトをしっかり固定するために用意されている「ピンループ」というワッカなのです。ベルトが左右にズレにくく、実はスグレモノのディテール。もしついているパンツを入手したのであれば、積極的に活用してみたいものです。

ズバリ、こんな風に使うのが正解！試して納得、意外と便利なディテールです。

クラシカルなハウンドトゥースは、
柄物初心者にも取り入れやすい。

Q 柄物のスーツが欲しいのですが、それって生意気に映りますか？

A 合わせるシャツやネクタイを、シンプルにしてみたらどうでしょう。

入社したての新人君であるならば、確かに柄物のスーツというのは生意気な印象に映るかもしれません。ただし、ある程度の経験と実績を積んできた貴男ならば、ひと味異なる個性をアピールするためにも、柄物をチョイスするのはアリでしょう。ただしその場合、シャツやタイをシンプルなものにするなど、バランスは取りたいものです。

上品な光沢が魅力のモヘア混ウール地。

Q パーティー用にフランネルのスーツを買おうと思ったのですが、ダメですか？

A 上品な光沢のあるモヘア混ウールを買った方が無難でしょう。

フランネルは、スーツの本流であるイギリスにおいては、あくまでもドレス寄りのスポーティな素材として認識されています。この場合、一年を通して活躍してくれる、上品な光沢のあるモヘア混ウール生地を使ったスーツを購入しておけば、たいていの華やかなシーンに対応可能。ぜひ一着は、ワードローブに加えておきたいものです。

Q&A 1問1答で明解解説！ スーツの“ねばならない” Buy Smart編

Q 「スーパー～」って表示の意味がよくわかりません。

A 原毛の細さを表します。それぞれの特性を知り、上手に選びわけましょう。

スーパー～は、原毛の細さを表すものです。この「～」の数字が高ければ高いほど原毛が細くなり、その分だけ滑らかで上質な生地となります。逆に、数字が低ければ低いほど、より丈夫になることも覚えておきましょう。ただし、数字が高いから良いとか悪いという問題ではないので、自身の使用シーンに応じて使い分けたいものです。

great!!
耐久性
肌触り
great!!

Q 上質なスーツ生地の使い道って他にないですか？

A 吉田スーツさんは、生地見本をこんな風に活用していました。

確かに上質なスーツの生地を触っていると、それだけでついウットリ……、なんてことありますよね。P26にもご登場いただいている吉田スーツさんでは、使わなくなったサンプルバンチの生地に注目して、写真のようなクッションを作っています。どうです、なかなか洒落ていると思いませんか？ご自宅用にも贈物用にも気が効いています。

手作り感たっぷりのつぎはぎも味わい深い、仕立屋さんならではのアイデア品（¥2,625～）。数に限りがあるものなので お早めに！

Chapter. 03

Styling Technic

鉄板技から
ハズシまで、
ひと味違う
スーツの着こなし

大切なのは、とにかくTPOと清潔感！

正しい着こなしの基礎知識

どんなに高価で上質なスーツを手に入れても、その着こなしがマズければすべてが台なしになってしまうもの。そう、着こなしには正しい基礎知識が不可欠なのだ。とはいってもそれは決して難しいものではない。筆者のボヤキまじりの提言から学びたい。

ＴＰＯという言葉をご存知であろうか。「なにそれ?」てか。フントニモー、最近はこうだもんなぁ。ＴはＴＩＭＥ（時）、ＰはＰＬＡＣＥ（場所）、ＯはＯＣＣＡＳＩＯＮ（場合）。この３つを略してＴＰＯと言うんである。

ぼくの記憶が確かならば、確かこのＴＰＯという言葉をファッション用語として定着させたのは、日本のアイビーの生みの親、ＶＡＮの創業者である故・石津謙介氏だったと思う。服というのは、時と、場所、場合に合わせて着こなせてこそ本当のお洒落ということですね。

ところがどうもなんだか最近、このＴＰＯがファッション雑誌で使われなくなってしまった。あれ、ひょっとしてもう死語になっちゃった?

ＴＰＯがファッション雑誌で使われなくなってしまった原因の1つに、ここ数年の世の中の行き過ぎたカジュアル化があるんでないかとニランでいる。最近はピッティで発表されるクラシコブランドのブースなんぞを見ても、本来はカジュアルではないドレスアイテムのスーツもジャケットもコートもやれもっと薄く、それもっと軽くといわんばかりで、どんどんカジュアル化が進んでいるのが今のトレンドの傾向である。まぁ確かに、昔のように肩が凝るほど厚くて重い服を今どき着るのもどうかと思う。どうかとは思うけど、スーツぐらいきちんとちゃんと着ましょうよ。だって仕事着なんですから。

いまやすっかり定着してしまった感のある夏のクールビズ、冬のウォームビズってぇのも、なんだかなぁ～（阿藤快風に）。

米国のオバマ大統領は、オールスター戦で始球式を努めた時ジーンズに好きな球団のジャンパー姿で登場して、向こうのマスコミから「私服センスがダサい」とさんざん叩かれたらしい。だけど、オバマブルーとまで言われるネイビースーツの着こなしっぷりは、間抜けなノータイ姿で党のマニフェストを発表する、どこぞの国の政治家なんかよりよっぽどＴＰＯをわかってる。なにより、ちゃんとスーツを着こなしているだけで信用できるし、発言したことに対して信頼できるってもんだ。

今の流行りの、スーツのインにハイゲージのニットカーディガンやベストを合わせるという着こなし。セレクトショップで店員がやってるぶんにはかまわないけど、あれも実際のところ、一部の業界を除いた、いわゆる普通の会社ではどうなんでしょうねぇ。

そういえば今年の春よく街で見かけた、いかにもフレッシャーズな新入社員の集団になんと黒いスーツの多かったことか。

確かに最近は黒のスーツというのも「アリ」ということになってきている。しかしそれはあくまでもトレンドの話であって、やはり常識的に考えたら黒のスーツというのは、本来はフォーマルや冠婚葬祭の時のみでビジ

文＝いであつし、絵＝カズモトトモミ

ネス向きではない。しかもスーツを着なれてないフレッシャーズならばなおさらのことだ。

冠婚葬祭というのはそれこそ己のTPOが試される場である。まぁだからって、経験の少ない若いうちからあんまり気張る必要もありません。よくいるのが着慣れないタキシードでキメて来るヤツね。ウェイターに間違われちゃうのがオチです。冠婚葬祭で大切なのは、お洒落じゃなくて常識なんである。イコールそれがTPOなのだ。

例えば、グレイやネイビーのスーツでもタイをシルバー系に変えるだけでも十分、フォーマルになる。もちろん、シャツは白シャツね。襟がセミワイドでダブルカフスならなおよろしい。むしろ気を配らなきゃいけないのは小物関係。まず、ちゃんと御祝金は袱紗に包んで渡す。それから靴は絶対に黒の紐靴。ストレートチップが望ましい。当然、ソックスは黒のホーズソックス。ベルトも靴に合わせた黒いドレスベルト。時計は薄型のシンプルなドレスウォッチ。あとは仕上げに、胸ポケットに白いリネンチーフを挿すとかね。

そのくらいのTPOをちゃんと押さえておけばえすれば、何も恐れることはない。わざわざ披露宴の出席用にと黒いスーツを新調する必要もないのだ。

ところが先日、某業界人の結婚披露宴に出席したら、まぁ出席してた業界人たちのTPOのダメっぷりったらなかったねぇ。立食式のカジュアルな披露宴ではあったが、時計だけいつもしてるスポーツタイプのロレックスだったり、ベルトだけカジュアルだったり、すごいのになると、ノータイでジャケパンに紫のチーフなんてぇ格好のスタイリストもいた。フントニモー、二次会じゃないんだからさ。

えーと、そういうぼくもドレスウォッチを持っていなくて、あわてて前日に安物のドレスウオッチを買っちゃいました……。何事にもTPOって大事です。

**もうひとつ、
スーツの着こなしで
大切なことは「清潔感」。
だらしがないのは、
とにかくNGだ!!**

絶対にハズさない30の組み合わせ

鉄板の
Vゾーン構成術

Vゾーンは、スーツ姿の「顔」となる大切なポイント。
その鉄板と呼べる構成パターンを、
ファッション ディレクターの中須浩毅氏が伝授する。

Category
1

NAVY
ネイビー系の
スーツの場合

旬のパープルを品良く合わせる
大人の色気と、若々しい清潔感がミックスされたVゾーン構成。基本的には同系色をリンクさせた組み合わせなので、初心者でも失敗せずにまとめられる。

情熱的な印象を強調するVゾーン
力強く情熱的な印象を相手に与える、赤系のネクタイを強調するスタイル。コントラストがつくよう、サックス、もしくはホワイトの身頃のシャツをチョイス。

明るめのソリッドタイで爽やかに
とにかく清潔感を強調する、王道中の王道の組み合わせ。爽やかさをできるだけキープするためにも、ネクタイのカラーはなるべくライトなものを選びたい。

知的な印象を演出する組み合わせ
ネイビースーツに、それと同系色のストライプのネクタイを合わせる定番技に、あえてライトグレーのストライプを加えて、豊かな階調のVゾーンに仕立てる。

トリコロール オン トリコロール
赤×青×白のレジメンタルタイを、同じく赤×青×白のストライプシャツに合わせる。ストライプのピッチが合い過ぎると、煩いVゾーンになるのでご注意を。

絵＝中根ゆたか

クセありの柄合わせを遊ぶ

パターン オン パターンの組み合わせも、どちらかをシンプルなものにすれば、クセの強い柄がきてもしっくりくる。この場合、シャツを清楚にしたのが正解！

グリーンが映える立体的な構成

ブルーベースで全体的にまとめておきながら、差し色にグリーン系を効かせるVゾーン構成。シャツの色合いを、なるべく淡いものにするのがポイントだ。

どぎつくないペーズリー合わせ

アクの強いペーズリー柄ネクタイも、ベース色を合わせていれば、大人の色気を演出する組み合わせに。細めであればストライプを足しても柄同士が喧嘩しない。

コントラストを意識したコンビ

ネイビー系×イエロー系×レッド系という、相対色をミックスしたVゾーン構成。それぞれをしっくり馴染ませる秘訣は、派手な色の配分を抑えることにあり。

異なる柄を同系色でまとめる

個性の強い色柄のネクタイは、煩いVゾーンになってしまいがち。ただし、タイとシャツ、タイとスーツのそれぞれを同系色でリンクさせれば違和感がない。

ブルー×ゴールドは黄金コンビ

ネイビー・ブルーと好相性とされる、ブラウン・ゴールドの黄金のコンビネーションをVゾーン内で表現。落ち着きの中に、芯の強さがキラリと光る。

豊かなブラウンの階調を生かす

ひと口にブラウン系といっても、その幅は実に広い。そのレンジの広さを生かした同系色をリンクさせるコーディネートなら、しっくりと落ち着いた印象に。

タイを引き立てるホワイト使い

大人の色香を演出するブラウン×ゴールドのカラーリングを際立たせるには、ごくごくシンプルなホワイトを組み合わせるのが失敗しないポイント。

Category
2

BROWN
ブラウン系のスーツの場合

大人の華やかさを演出するVゾーン

光沢のあるゴールドのネクタイを生かすため、シャツはあえて控え目なホワイトをチョイス。大人の色気を感じさせる艶やかなVゾーン構成に仕上げる。

ビビッドな差し色で小粋な胸元に

ブラウン系×ブルー系の黄金のコンビネーションに、ビビッドなピンクを差し色として加える。ベースが落ち着いた印象の組み合わせなので胸元が小粋に映える。

互いを生かす茶系×青系のコンビ

ブラウン系のスーツとネクタイに、ブルー系のシャツを組み合わせて、爽やかに引き締めたVゾーンに。他のアイテムでも簡単に応用できる色合わせの定番。

遊び心溢れる大人のカジュアル

堅くなり過ぎないブラウン系のスーツだからこそ実践したい、カジュアルな印象の強いVゾーン構成。シャツの色味に負けない、大胆なチェック使いがキモ。

円熟した大人の暖かみを表現

同系色の中でのコントラストを意識したVゾーン構成。レンジが広くない中での組み合わせなので、全体的にしっとりと落ち着いた印象にまとまる。

豊かなVゾーンの階調を構築

好相性のライトブラウンとエンジの組み合わせに、ライトグレーの色味をさりげなくトッピング。大人の余裕を引き立てる、奥行きのある胸元が完成する。

Category
3

GRAY
グレイ系のスーツの場合

大人の艶を醸す魅惑的な合わせ

重厚感のあるスーツとシャツの組み合わせに、大人の艶感を醸し出す深いパープル系のネクタイをブレンド。華やかな席にもよく似合う、鉄板のスタイリング。

洒落感をアップさせるドット使い

チャコールグレイの存在感が効いた誠実な印象を相手に与える色の組み合わせも、小粋なドットが加わることにより、洒落感がグッとアップする。

ブルー系グラデーションで清楚に

ブルーのトーンを変えて構成した爽やかなVゾーン。濃淡のバランスを単調にしないよう、さり気ない柄は欲しい。グレイ系以外のスーツとも相性がいい。

細かいチェックタイには無地のシャツを

ハウンドトゥースなどの細かいながらも主張するチェック柄には、無地のシャツを合わせておくのが鉄板。スーツは、ピッチが揃っていなければ柄物もOK。

静と動を組み合わせたVゾーン

控え目な印象のチャコールグレイのスーツでも、多色使いのストライプのシャツを合わせれば、洒脱な遊び心を表現できる。煩くなり過ぎないタイ選びも肝要。

カッチリし過ぎない洒脱なコンビ

鉄板中の鉄板であるグレイスーツとシルバータイのコンビ。こちらに淡いパープルをシャツのストライプや、ネクタイの小紋柄などに効かせてVゾーンを構成。

軽やかでフレッシュな構成

軽やかな印象のライトグレイには、洒脱な明るい色味のパープル系を差し色として使いたい。ただし、どちらも派手になりがちなので、その他の色は控えるべし。

シャープさを強調するVゾーン

ピッチを変えたストライプ オン ストライプで構成。グレイ系と相性の良いブルー系の組み合せを軸に、アクセントとなる色味をトッピングしたいところだ。

ドット&ストライプの蜜月

ストライプ柄と相性抜群の、ドット柄を取り入れたVゾーン構成。やはり相性の良い、グレイ系×ブルー系×ブラウン系でまとまっているのも◎。

強い意志を印象づける組み合せ

こちらも、グレイ系の色と相対色となるイエロー系を効かせたコーディネート。強いコントラストで、自分の意志をしっかりと表現できる組み合わせだ。

高いアピール力を持つ胸元構成

グレイのスーツやシャツとコントラストがつく、オレンジの色味を効かせたVゾーン構成。しっかりとした意志があることを、相手に印象づけることができる。

スーツ姿を凛々しく引き立てる名相棒

正統派シャツのスタイルを知る

スーツと切っても切り離せない関係性にあるのがシャツ。スマートなスーツ姿を演出するためは、コイツを無視するわけにはいかない。ここでは、デザインのディテールから使用されている素材の種類まで、最低限知っておくべきシャツの基礎知識を披露する。

Category 1

Collar type
代表的な衿型

シャツのデザイン的な印象を決定づけるのは、なんといっても衿型。Vゾーン構成で重要な役割を果すこの部分、その特性を踏まえて最適な選択をしたい。

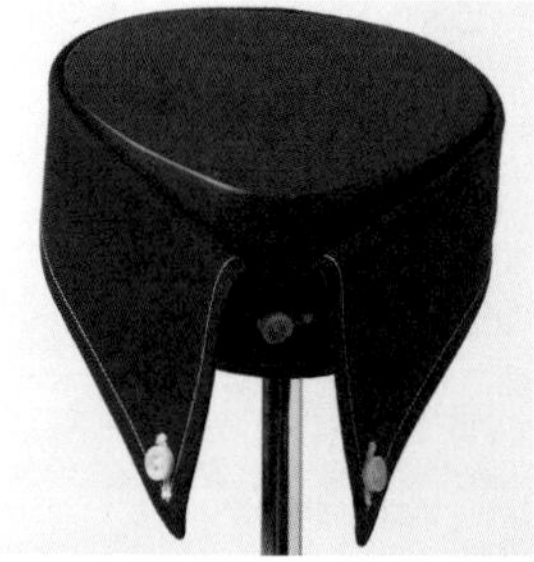

ボタンダウンカラー
ポロ競技の選手たちが着ていたウェアをヒントに開発された衿型。両衿先にボタンホールを設け、身頃についたボタンで固定するのが特徴。カジュアル感が強い。

レギュラーカラー
もっとも一般的に流通している、衿の開きの角度が75～90度程度のもの。2ボタンスーツのように、Vゾーンが縦に長いスーツとの相性がいい。

ラウンドカラー
衿先に丸みを帯びさせた衿型の総称。衿とカフ部分を白無地にし、身頃にそれとは別の生地をあわせて作るクレリックシャツによく使われるディテール。

セミワイドスプレッドカラー
レギュラーカラーとワイドスプレッドカラーの中間くらいの衿の開きを持つ衿型。あえて数値にすると、80～100度程度の開きのもの。用途の広さはピカイチ！

ワイドスプレッドカラー
衿の開きが大きいタイプ。開きの角度は100～140度くらいが一般的だ。太く結んだネクタイと好相性で、フォーマル性がもっとも高い形状とされている。

写真＝松崎浩之、協力＝吉田スーツ

Category 2

Cuff type

代表的な袖型

スーツの袖口からのぞくカフも、スマートなスーツスタイルを構築する上で無視できないポイント。定番モノから遊んだモノまで、用途に応じて選びたい。

ダブルボタン
アジャスタブルの用途ではなく、ボタンが縦に2つ並んでついているタイプ。イタリアメイドのシャツによく見られる、エレガントなディテール。

角落型
こちらも文字通り、エッジの角を斜めに落したデザインのカフ。多くのオーダーメイド店で、洒落者たちが積極的に選ぶ人気のディテールだ。

丸型
文字通り、エッジにゆるやかな丸みを帯びさせたデザインのカフ。もっとも一般的に流通している、基本中の基本のディテールといえるだろう。

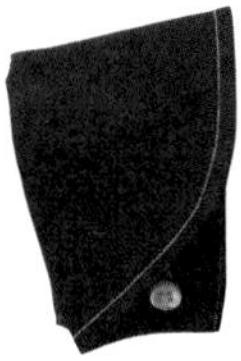

ダブルミラノ
カフリンクスを使わない、袖口が二重になった袖型。着こなしのアクセントにしやすい、曲線のカッティングも特徴。「ターナップ」とも呼ばれる。

ダブルラウンド
袖口を折り返して、二重にしたタイプで、かつエッジにゆるやかな丸みを帯びさせたディテールのもの。こちらも、ドレッシーな装いにピッタリ！

ダブルスクエア
袖口を折り返して、二重にしたタイプ。カフリンクスを用いて留めるドレッシーなもので、フォーマル向きといえる。別名「フレンチ・カフ」。

Category 3

Material

代表的な素材

シャツの素材もまた多種多様に存在する。カジュアル感の強いものから、フォーマルにもよく似合うドレッシーなものまで、こちらも用途に応じて選択を。

ヘリンボーン
ヘリンボーンとは「ニシンの骨」という意。織柄が似ているので、こう呼ばれている。柄の名前であり、同時に織物の名前でもあるのでご注意を。

ロイヤルオックス
オックスフォードの中でも、特に細い番手（糸の太さを表す単位）の糸を使ってソフトに織り上げられたもの。艶やかな光沢で、ドレッシーな印象。

オックスフォード
縦、横ともにコットンの糸を2本ずつ引き揃えた平織りの薄地織物。通気性に優れた、ボタンダウンシャツの代表的な素材として知られる。

リネン
リネン＝亜麻を使った織物。シャリッとした手触りと光沢感が魅力。吸水性、放湿性に優れているので、夏向けの素材として人気が高い。

ブロード
ドレスシャツを代表する素材。繊細な横畝のある平織物で、柔らかい手触りと光沢が特徴。正式名称は「ブロードクロス」で、英国名は「ポプリン」。

ツイル
織り目が斜めの畝状に見えることと、独特の光沢感が特徴。綿やシルクなどの糸で織り上げられることが多い。日本名は「綾織り」「斜文織り」。

米国大統領のお墨付き!?

TPO別に徹底検証、間違いないコーディネート術

A
情熱的なVゾーンで、勝ちたいプレゼンに挑む!!
B
誠実で落ち着いた印象を与え、信頼感を手に入れる。

絵＝穂積和夫

「ビジネスシーンにおいての上手な自己演出には、
巧みなスーツのコーディネートが欠かせない。
その成功の鍵を握るのは、"TPO"を知ることだ。」

C
既製概念にとらわれない、自由な発想力をアピール。

D
パーティーシーンで恥をかかない、鉄板のスタイリング。

A

情熱的なVゾーンで、勝ちたいプレゼンに挑む!!

落ち着いた色のジャケットやシャツに、明るい色やはっきりとした柄のタイを合わせるなど、コントラストの効いたVゾーン構成が肝要。視覚的に強い印象を相手に与え、内に秘めたリーダーシップをアピールしたい。

ストライプ&マットな赤系タイで、情熱を小気味好くアピール

スーツ¥130,000+税（ラルディーニ／シップス 銀座店03-3564-5547）、シャツ¥14,000+税、鞄¥77,000+税（共にハケット ロンドン／ハケット ロンドン 丸の内店03-3217-8510）、タイ¥5,800+税（ユニバーサルランゲージ／ユニバーサルランゲージ 渋谷店03-3406-1515）、靴¥78,000+税（クロケット&ジョーンズ／ビームス 銀座03-3567-2224）

写真=五十嵐和則、スタイリング=栃木雅広+Nico

ポジティブな印象に映る黄系を、色柄の合わせの妙で光らせる

ジャケット￥57,000＋税、シャツ￥17,000＋税、パンツ￥28,000＋税、靴￥36,000＋税（以上デザインワークス／デザインワークス ドゥ・コート銀座店03-3562-8277）、タイ￥14,000（ホリデー＆ブラウン／ビームス 銀座03-3567-2224）

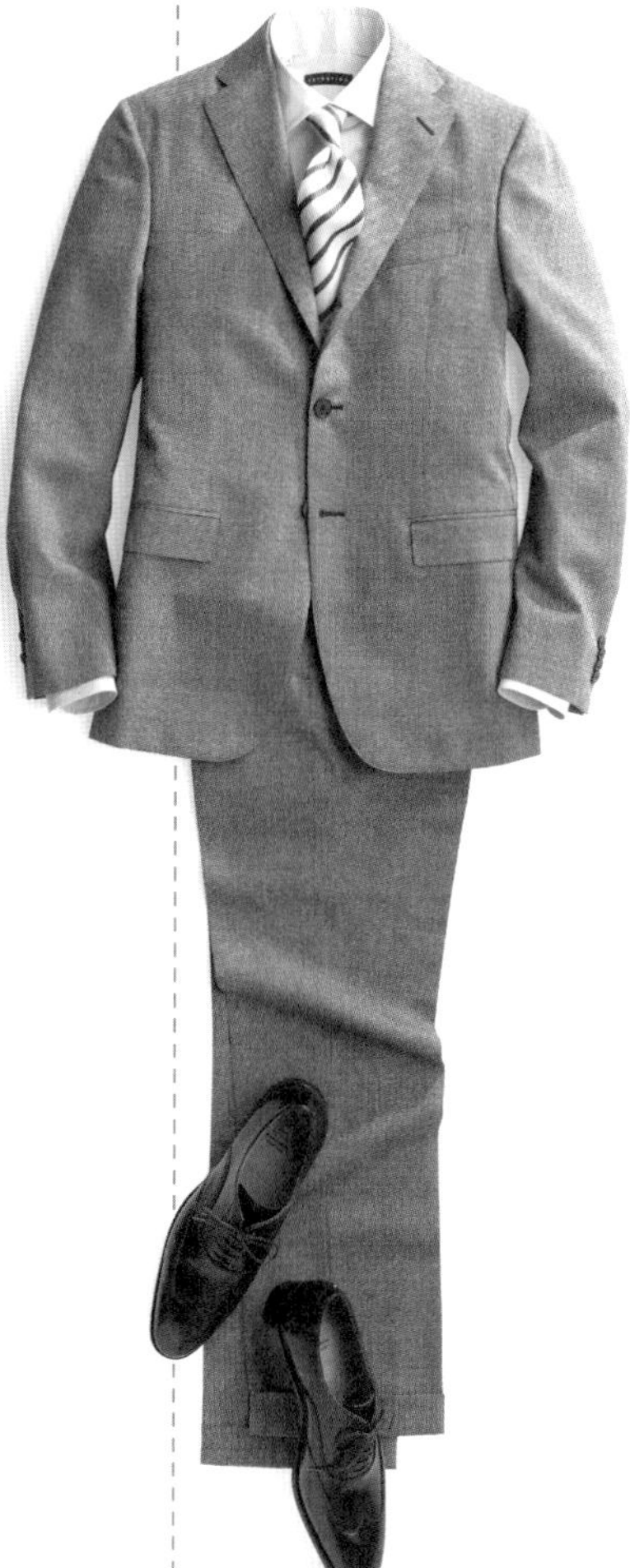

全体を淡いトーンでまとめて、主張の強いストライプを効かせる

スーツ￥161,000＋税（ジャンフランコ ボメザドリ）、シャツ￥14,000＋税（エストネーション／共にエストネーション03-5159-7800）、タイ￥12,000＋税（エリデ キャリーニ／ビームス 銀座03-3567-2224）、靴￥47,600＋税（ナノ・ユニバース ライブラリー／ナノ・ユニバース ライブラリー東京03-5456-9375）

A 情熱的なVゾーンで、勝ちたいプレゼンに挑む!!

情熱的に映る赤をタイではなく、シャツに取り入れたVゾーン構成

スーツ￥79,000＋税（ビームスF）、シャツ￥27,000＋税（バルバ／共にビームス 銀座03-3567-2224）、タイ￥9,000＋税（アバハウス／アバハウス ラストワード原宿店03-5466-5700）、チーフ￥3,800＋税（フィオリオ／ユナイテッドアローズ 原宿本店メンズ館03-3479-8180）、鞄￥42,000＋税（エルゴポック／キヨモトNC事業部03-5843-9011）、ベルト￥7,900＋税（ユニバーサルランゲージ／ユニバーサルランゲージ 渋谷店03-3406-1515）、靴￥66,000＋税（クロケット＆ジョーンズ／ヴァルカナイズ・ロンドン03-5464-5255）

ドットとストライプの柄合わせで、
上品な強さと安心感を表現

スーツ￥48,000＋税、シャツ￥8,477＋税、ベルト￥7,900＋税（以上ユニバーサルランゲージ／ユニバーサルランゲージ 渋谷店03-3406-1515）、タイ￥5,500￥＋税（アーバンリサーチ テイラー／アーバンリサーチ 渋谷店03-5468-6565）、靴￥36,000＋税（デザインワークス／デザインワークス ドゥ・コート銀座店03-3562-8277）

B

誠実で落ち着いた印象を与え、信頼感を手に入れる。

落ち着いた色味や上品な柄使いのアイテムを選び、控えめ、かつ理知的な印象のVゾーン構成を目指す。接する相手に対してはもちろん、自身の気持ちをも落ち着かせ、スムーズに交渉が運ぶことを狙いたいものだ。

落ち着いたムードを醸し出す、茶×グレーの上品なマッチング

スーツ¥86,000+税（ビームスF）、シャツ¥20,000+税（サンフォード／共にビームス 銀座03-3567-2224）、タイ¥12,000+税（ハケット ロンドン／ハケット ロンドン 丸の内店03-3217-8510）、ベルト¥8,500+税（アール エル シー フォー シップス／シップス 銀座店03-3564-5547）、靴¥63,000+税（クロケット＆ジョーンズ／ヴァルカナイズ・ロンドン03-5464-5255）

朗らかな印象に映るベージュと、誠実さが際立つネイビーを融合

スーツ￥57,000＋税（アクアボニスト／ナノ・ユニバースライブラリー東京03-5456-9375）、シャツ￥8,477＋税（ユニバーサルランゲージ／ユニバーサルランゲージ 渋谷店03-3406-1515）、タイ￥16,000＋税（ルイジ ボレッリ／シップス 銀座店03-3564-5547）、靴￥59,000＋税（バッカス／エストネーション03-5159-7800）

穏やかな緑系と清らかな白で、対峙する者に安心感を与える

スーツ￥90,000＋税（シップス）、シャツ￥23,000＋税（エリコ フォルミコラ）、タイ￥14,000＋税（ステファノビジ／以上シップス 銀座店03-3564-5547）、チーフ￥3,800＋税（シルク プロ／アーバンリサーチ 渋谷店03-5468-6565）、靴￥39,000＋税（アルフレッド・バニスター イン／アルフレッド・バニスター イン ジェイアール名古屋タカシマヤ店052-581-8920）

B 誠実で落ち着いた印象を与え、信頼感を手に入れる。

落ち着きのあるブルートーンに、ベージュを添えて柔和な印象へ

スーツ￥105,000＋税（タリアトーレ／トレメッツォ03-5464-1158）、シャツ￥27,000＋税（フランチェスコ・メローラ／リタリオリブロ03-6457-8342）、タイ￥12,000＋税（ブリューワー／ユニバーサルランゲージ 渋谷店03-3406-1515）、ベルト￥14,000＋税（ウィリアム）、靴￥78,000＋税（クロケット&ジョーンズ／共にビームス 銀座03-3567-2224）

シックなグレーをベースにしつつ、親しみやすい黄系で品良く遊ぶ

スーツ￥126,000＋税、シャツ￥18,000＋税（共にハケット ロンドン／ハケット ロンドン 丸の内店03-3217-8510）、タイ￥17,000＋税（ルイジ ボレッリ）、ベルト￥14,000＋税（ウィリアム／共にビームス 銀座03-3567-2224）、鞄￥41,500＋税（エルゴポック／キヨモト NC事業部03-5843-9011）、靴￥63,000＋税（クロケット&ジョーンズ／ヴァルカナイズ・ロンドン03-5464-5255）

C

既成概念にとらわれない、自由な発想力をアピール。

豊かな発想力が問われるクリエイティブ系の職業に就く読者諸兄には、既成概念に縛られない個性溢れる“遊び心”が不可欠。色や柄はもちろんのこと、小物選びにも留意し、自由な発想力を存分に表現しよう。

カジュアルな印象の小物選びと、挿し色となるニットが洒脱

ジャケット¥22,000+税、パンツ¥10,000+税（共にアーバンリサーチ ドアーズ×ライフ スタイル テーラー／アーバンリサーチ ドアーズ ルミネ有楽町店03-6268-0548）、カーディガン¥28,000+税（ドルモア）、シャツ¥18,000+税（ギットマン ブラザーズ）、タイ¥14,000+税（エリコ フォルミコラ）、鞄¥60,000+税（トフ ＆ アンド ロードストーン／以上シップス 銀座店03-3564-5547）、ベルト¥17,000+税（アドリアーノ メネゲッティ／バインド ピーアール03-6416-0441）靴¥24,000+税（エディフィス×ヒロシ ツボウチ／ル ドーム エディフィス 新宿髙島屋03-5361-1516）

リラックスしたムードを醸す、素材と小物選びが光る着こなし

ジャケット¥53,000＋税、パンツ¥26,000＋税（共にデザインワークス／デザインワークス ドゥ・コート銀座店03-3562-8277 ※4月中旬入荷）、シャツ¥18,000＋税（ピエトロ プロベンザーレ／バインド ピーアール03-6416-0441）、タイ¥9,000＋税（ステファノビジ／ナノ・ユニバース ライブラリー東京03-5456-9375）、靴¥35,000＋税（デュカルス／アマン03-6805-0527）、チーフは私物

台襟付きのポロをシックに合わせ、大人のBIZカジスタイルに昇華

ジャケット¥22,000＋税、パンツ¥12,000＋税（共にアバハウス／アバハウス ラストワード原宿店03-5466-5700）、ポロシャツ¥16,000＋税（ギ ローバー）、靴¥65,000＋税（クロケット＆ジョーンズ／共にシップス 銀座店03-3564-5547）

D

パーティーシーンで恥をかかない、鉄板のスタイリング。

ビジネスシーンとは異なり、華やかな席ではそれ相応の艶やかさを装いに加味するのが洒落者の流儀。ただし、遊び心を効かせつつも、良識の枠をしっかりと見据える。そんな、大人の服飾知力をおおいに発揮したい。

クラシカルな流儀に則った、鉄板のブラックタイスタイル

スーツ￥57,000＋税（ホワイト レーベル）、シャツ￥13,000＋税、靴￥38,000＋税（共にユナイテッドアローズ）、タイ￥12,000＋税（ニッキー）、チーフ￥3,800＋税（フィオリオ／以上ユナイテッドアローズ 原宿本店 メンズ館03-3479-8180）、カフリンクス￥6,000＋税（エリザベスパーカー／ビームス 銀座03-3567-2224）

大人の遊び心と色艶を魅せる、モダンなパーティースタイル

スーツ￥85,000＋税（タリアトーレ）、シャツ￥28,000＋税（バグッタ／共にトレメッツォ03-5464-1158）、ストール￥21,000＋税（ハケット ロンドン／ハケット ロンドン 丸の内店03-3217-8510）、チーフ￥6,500＋税（デザインワークス／デザインワークス ドゥ・コート銀座店03-3562-8277）、靴￥37,000＋税（ストックトン／ナノ・ユニバース ライブラリー東京03-5456-9375）

Q&A

1問1答で明解解説！
スーツの"ねばならない"
Styling Technic編

スーツを上手に着こなす上で知っておきたい、あんな疑問やこんな疑問。本章をご覧になっていただき、ズバッと解決しちゃいましょう！！

Q ネクタイの結び方が、うまくゆきません。

A プレーンノットとセミウィンザーノットをおさらいしましょう！

（プレーンノット）

大剣が左にくるようにタイをシャツの衿に通し、長さの割合を決める。首からこぶし1つ分ほどの位置で、小剣の上に大剣を重ねる。

大剣をそのまま小剣の周りで一周させる。このとき交差部分をしっかり持ちながら回すと、後にキレイな結び目をつくりやすい。

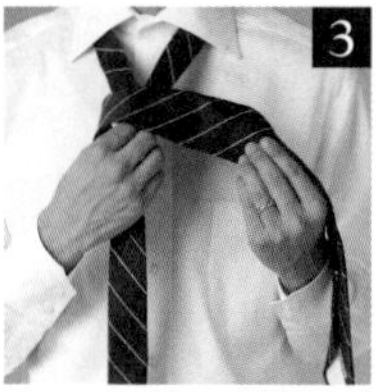

一周させたのがこの状態。大剣の交差している部分はそのまま結び目になるため、面がキレイ見えるように回すのがポイント。

首の下にできたループに、下から大剣を通し、上へ引っ張り上げていく。結び目になる部分の形がくずれるので強く引かないように。

上に持って行った大剣を、小剣周りにできたループへ上から通し入れる。このとき、大剣の中心線がズレないよう注意する。

結び目付近に入った大剣のシワをひとつだけ残すようにして手を添え、もう一方の手で小剣を押さえながら結び目を首元へ上げる。

Finish!

最も広く使われている結び方。手順もシンプルで、結び目が小さく縦長になる。衿の開きが狭いレギュラーやタブカラーのシャツがオススメ。

絵＝カズモトトモミ、写真＝松崎浩之、関根明生、五十嵐和則、スタイリング＝小池裕貴

Vゾーンを華やかに彩る、ディンプル作りのコツ

Point!

ディンプル（くぼみ）は、美しい結び目に欠かさない。人指し指でくぼみを作り、親指と中指でそれを挟むように締め上げるのがコツ。

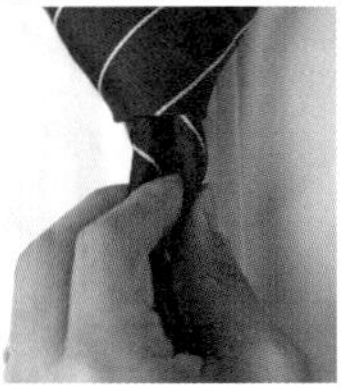

スーツ姿の顔とも呼べるVゾーンの要となるのが、ネクタイの結び目。いまさらですが、ちゃ〜んと上手に結べていますか？　バッチリ結べる貴男も、そうでない貴男も、いま一度、正しい結び方をおさらいしましょう。最低限、覚えておくべき結び方は、プレーンノットとセミウィンザーノット。どちらも汎用性の高い結び方なので、ぜひマスターしてください。

（セミウィンザーノット）

1

30～35センチほど長めに大剣をとり、右側にしてシャツの衿に通す。右手で持った大剣を小剣の上で交差し、周りに回していく。

2

首の下にできたループに、大剣を自分側へ向けて巻きつけるように通す。大剣が裏側を向くようにして、ループ右側の外に出す。

3

右手で小剣を押さえつつ、左手に持った大剣を右から左へ回す。この部分が結びの正面となるのでキレイな面を作って回すこと。

4

左へと回した大剣を、首下のループへ下から通し、上へと引っ張り上げる。このとき、左手で小剣を押さえつつ行なうとやり易い。

5

上に持って行った大剣を、小剣周りにできたループへ上から通し入れる。左右対称のノットになるよう、ここで形を整えておく。

6

大剣を引きつつ結び目を整える。左手で小剣を引っぱりながら、右手でノットを上げていき、ノットと長さの調節を行なう。

Finish!

左右対称な逆三角形の結び目で、エレガントな襟元の演出が可能。ワイドスプレットカラーなど、衿の開きが広いシャツにオススメ。

Q スマートなニットタイの結び方はありませんか？

A オリエンタルノットがオススメです。

厚手のニットタイは、モコモコとかさ張り、スマートな結び目が作りにくいもの。最近の流行は、小さめノットなのに……。そんな時にオススメしたいのが、このオリエンタルノット。とにかく簡単に結べる上に、結び目も小さくスマートにまとまります。厚手のウールタイや、太い幅のシルクタイにも活用できます。

普段の結び方とは逆に、タイの裏面を外側にしてシャツの衿に通す。大剣は下にして小剣と交差させ、そのまま小剣に巻きつける。

タイを交差してできた首下のスペースに、大剣を下から通す。ノットになる部分を、小さめに調節するのがスマートに仕上がるコツ。

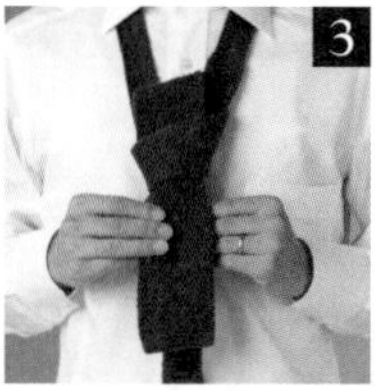

ループに大剣を上から通し入れる。小剣を押さえつつ、もう片方の手でノットを首下へと上げて、形とディンプルを整える。

Finish!

シャープなスーツには結び目が大きくなり過ぎないこの結び方が好相性。厚手のウールタイや太幅のシルクタイにも活用できる。

Q センツァ・クラヴァッタってなんですか？

A イタリア語で「ノータイ」という意味です。

スーツのカジュアル化が進む中、このノータイ・スタイル＝センツァ・クラヴァッタが多方面で実践されています。ただしコレ、ヘタするとただのだらしのない人にしか見えない、実はキワどいスタイルでもあるのです。上手にこなすには、衿腰が高く、衿元が開き過ぎないシャツを選ぶなどの配慮が必要なのでご注意を！

Q **ネクタイのベストバランスが、まったくわかりません。**

A **ベルトのバックルの半分くらいがベストです。**

もろもろのバランスを考慮すると、大剣の先がベルトのバックルのだいたい半分くらいにかかるのが理想的といえます。この際、大剣よりやや小剣の方が短くなるのがベストです。が、ネクタイのサイズと自身の身体のバランスの関係で、小剣が長過ぎてしまう場合は、パンツの中に入れてしまっておくのも、テクニックとしてはアリです。

大剣が短すぎると、ツンツルテン!? 当然、NGなのでやめましょう。

大剣が長過ぎると、だらしなくみえるのでNG！

Q ポケットチーフの上手な挿し方を教えてください！

A ティービーフォールドとパフドスタイルを覚えましょう。

（ティービーフォールド）

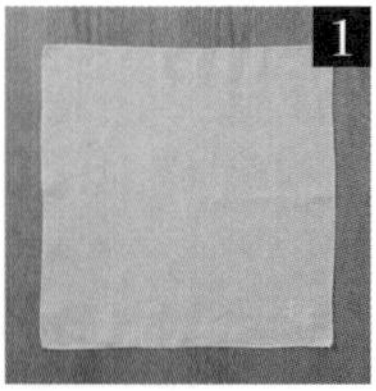

最もスタンダードで手順も簡単なたたみ方がこちら。チーフの色は白を選ぶのが望ましい。まず、平らな場所にチーフを広げよう。

上辺を持ち、手前側へ半分に折りたたむ。折り目はくっきりと付けないように。

右辺を左辺に合わせ、さらに半分に折りたたむ。端はきちんと揃えるようにする。

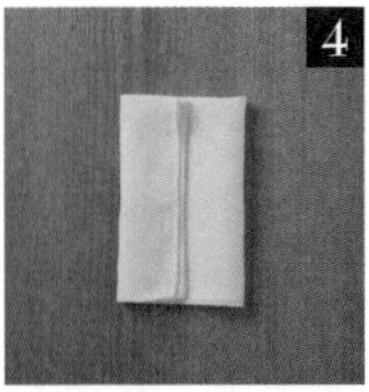

正方形の左辺を持ち、左から３分の１部分を内側へ折りたたむ。

４で折りたたんだ部分に右辺を重ね、左側へはみ出ないよう折りたたむ。

下辺を持ち上へたたみ、チーフの縁がある側が外を向くようにポケットへ挿す。

Finish!

どんなシーンにもマッチする万能なたたみ方で、ビジネスシーンでも使える。胸ポケットから水平に覗くように挿すのがお洒落に魅せるポイント。

ポケットチーフは、スーツ姿をよりお洒落にブラッシュ・アップさせてくれるお役立ち小道具。ここにご紹介するティービーフォールドと、パフドスタイルさえマスターしておけば、たいていのシチュエーションで困りません。ネクタイの項と同様に、ファッション上級者もそうでない人も、この機会にぜひこれらのテクニックをマスターしてください。

(パフドスタイル)

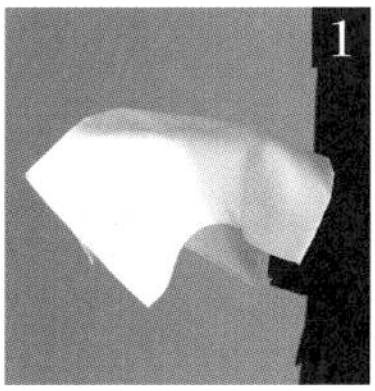

1

無造作に挿すことがポイントのたたみ方。柔らかな曲線を作るには、シルクのチーフが望ましい。まず左の手の上にチーフを広げる。

2

右手で、チーフの中央をそっとつまみ上げて軽く振る。

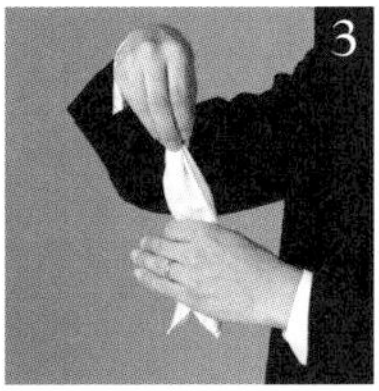

3

右手はつまんだままにし、左手でチーフの裾部分を軽く絞るようにして握る。

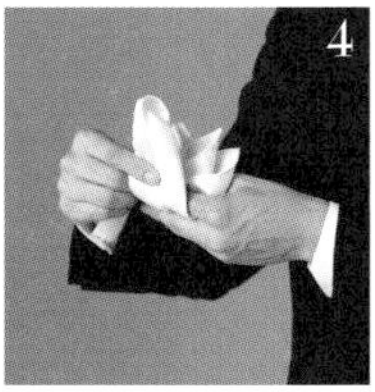

4

裾部分を握っている左手はそのままにし、チーフの下半分を上へと折りたたむ。

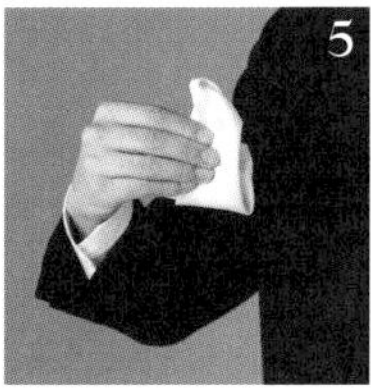

5

端を内側に入れ込み、右手で持つ。上の部分は触らないようにしよう。

6

左手で胸ポケットを開き、右手でチーフを差し込み、チーフに膨らみを与える。

Finish!

こちらは華やかでややカジュアルなたたみ方。別名アイビーホールドともいう。アンタイドのスーツスタイルには特に相性が良いのでオススメ。

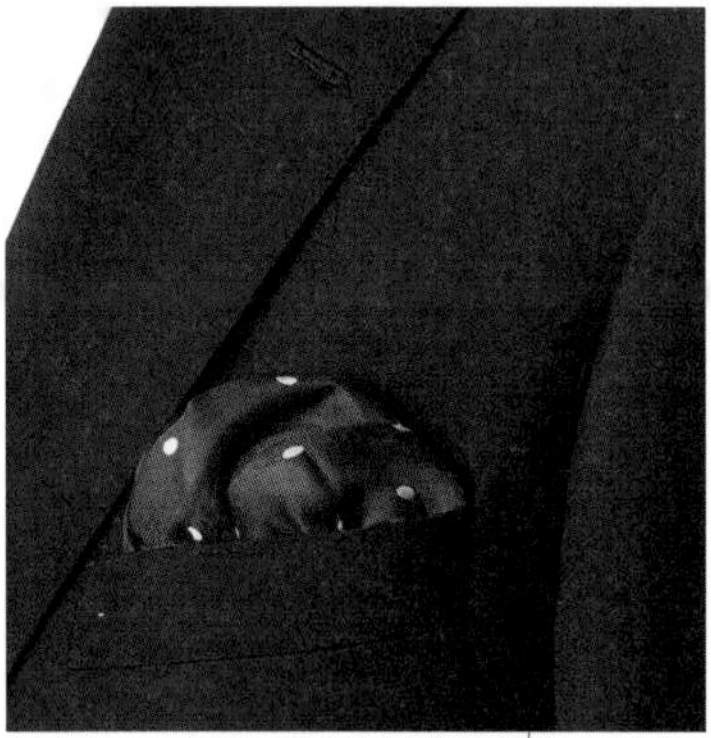

チーフを挿す際、ふんわりとさせつつ色柄をきれいに見せるのがコツ。不馴れな人は上着を脱いで入れては？

Q 安物スーツを艶やかに魅せる方法ってありますか？

A シルクのチーフを、洒脱に挿してみてはいかがですか。

スーツ姿に艶を添えてくれるのが、シルクのポケットチーフです。シックな水玉模様のものなら、ビジネススーツにも違和感なくマッチするはずです。シルクのチーフは柔らかいので、先述のパフドスタイルがオススメ。お手持ちのスーツのクラス感を最大限に引き立ててくれる、費用対効果の高い選択と言っても過言ではありません。

Q ひと味違ったアクセサリーを加えてみたいのですが。

A ならば、カフリンクスからはじめてみましょう。

カフリンクスを取り入れれば、ワンランク上のお洒落が楽しめます。ただ、ここにも多少のルールが。例えば昼の礼装＝モーニングや夜の正礼装＝燕尾服には白蝶貝や真珠、夜の準礼装＝タキシードには黒蝶貝のものを合わせます。カジュアルからある程度のフォーマルもOKな、白or銀のゴム製のものはひとつ所有すると便利です。

とにかく汎用性の高い白、もしくは銀色のカフリンクスは、フォーマルにも対応するスグレモノ。ぜひ所有したい。

「デザイン」で遊べるのが魅力。

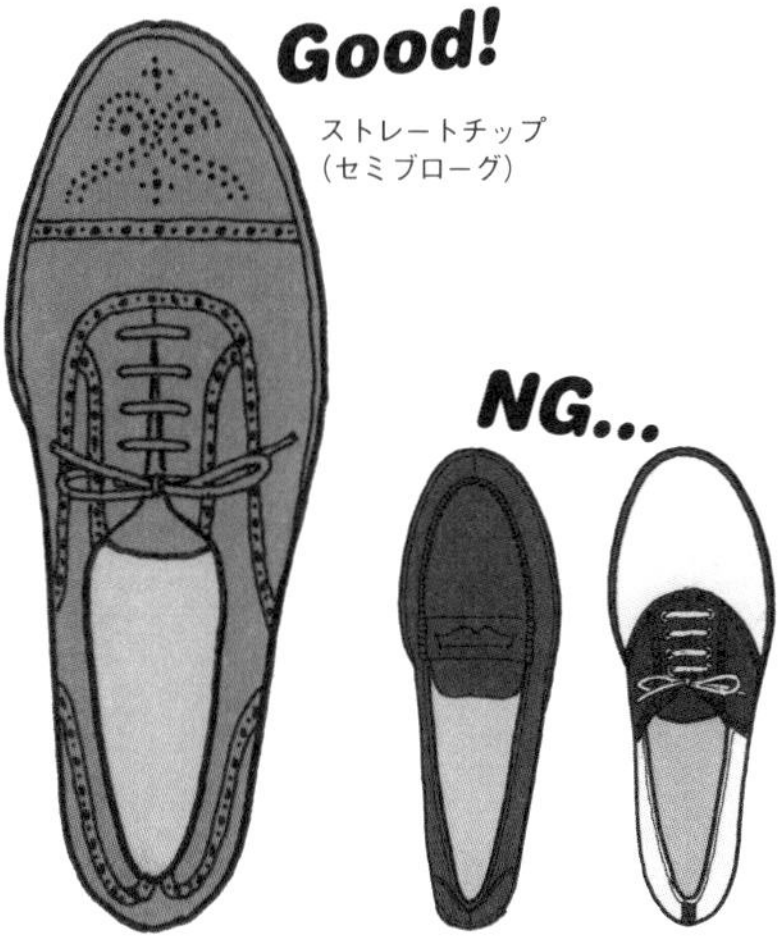

Q フォーマルの席に、ローファーを履いていったらダメですか？

A ぜひ、避けた方がいいです。

ローファーは、基本的にはカジュアル靴として認識しましょう。ビジネスにおいては、職種にもよりますが避けた方が無難。アイビー再評価で注目されるサドルシューズも然りです。フォーマルシーンで、基本的にハズさないのは黒の内羽根式のストレートチップ。あくまでもTPO次第ですが、洒脱なセミブローグという選択もアリ。

Q 靴下の合わせ方がよくわかりません。

A 靴かパンツに合わせるのが基本中の基本です。

お洒落は足元からとは、一般的には靴についてを指しますが、同時に靴下についいも言い得ていることなのかもしれません。で、肝心の靴下のコーディネート術は？　基本的には靴の色、もしくはパンツの色と合わせましょう。とはいえ、靴とパンツもコーディネートするので、結果としてどちらにも合うような色になるのです。

靴の色とグラデーション。

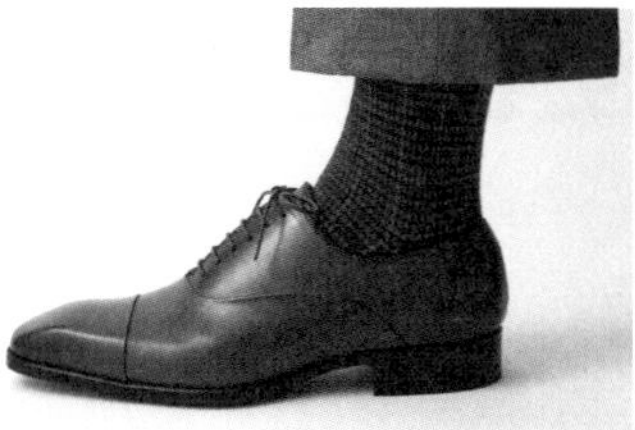
パンツの色とグラデーション。

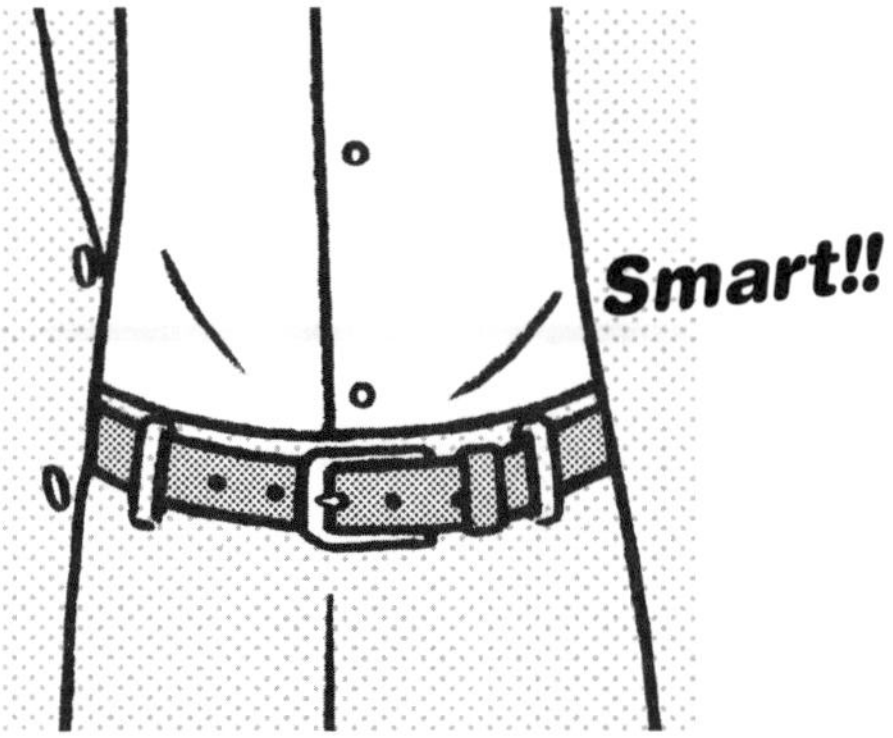

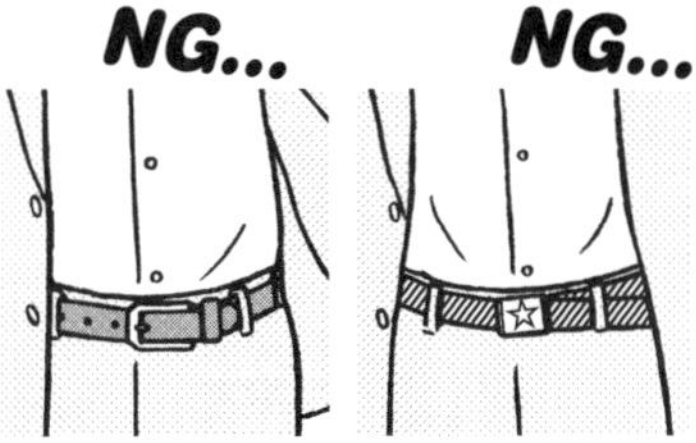

Q やっぱり デニム用のベルトを 使ったらマズイですか？

A 適切なサイズの ドレス仕様のベルトを 使ってください。

スーツスタイルには、それに適したドレス用のベルトを使いましょう。幅は3～3.5cm程度で、上質な革素材のものが最適。通常、3～5個の留め穴が開いていますが、真ん中で留めるようにしましょう。ただし、メーカー側で偶数インチしか扱いがないケースも多く、それが難しいこともあります。±1個くらいは、許容範囲です。

Q ベルトの 選び方を 教えてください。

A 基本は、 靴と色や素材感を 合わせることです。

ベルトの選び方にもルールがあります。こと、ドレッシーなスーツスタイルに関して言えば、靴の色や素材感と合わせたベルト選びがマスト。この部分は、コーディネートの要となる部分だけに、騙されたと思って頑に守っていただきたいです。逆に、この部分がチグハグだと、即座にコーディネートは崩壊すると考えていただいて結構です。

ワードローブには、黒、茶の表革のベルトは揃えたい。スエードの靴を所有しているなら、それに合う物も必須。

革製のバッグなら、
色味、質感ともに
靴と合わせやすく
大人の色香を
自然と漂わせることが
できるはずです。

Q お洒落にバッグを持つコツを教えてください。

A こちらも、靴と色や素材感を合わせるのがオススメです。

全体のコーディネートの調和から考えると、バッグも靴とベルトの色や素材感と合わせられるとベター。ただし、現代ビジネスマンにとってナイロンバッグは定番アイテム。ナイロンの靴を履くわけにはいかないので、あくまでも可能な限りという緩やかな範囲で、せめて色味だけでもリンクさせるといった心掛けはしたいものです。

Q ベストを着る時の注意点ってなんですか？

A 一番下のボタンは、必ず外しましょう。

シャツを下着と考える英国紳士道においては、例え慣れ親しんだオフィスの中であっても、シャツ一枚だけでいることは御法度なのです。ジャケットを着用しない場合は、その代わりとなるベストを羽織るべきで、ベストはジャケットと同等の役割を果していたのです⁉　基本的には、一番下のボタン以外はきっちり締めて着るのが鉄則。

もしお手持ちの
ベストの背面に尾状が
ついているなら、
必ず絞って前から見て
スマートに映るよう
着用してください。

Q&A 1問1答で明解解説！ スーツの"ねばならない" Styling Technic編

立ち居振る舞いのエレガントさを追求する英国紳士道。その道から言うと、立っている時はボタンを留めているのが基本なのですが、こと座った時にはボタンをすべて外すのが鉄則。というのも、ボタンを留めたままの状態で腰掛けると、ボタン周りに見苦しいシワが出てしまいます。これでは、エレガントさに欠けてしまいますからね。

Q スーツのボタンを留めていないのは、マナー違反になるのですか？

A 立った時は留めるべきですが、座っている時は外すべきです。

立っている時にボタンを留めていないと、相手に対して失礼な印象を与えます。

座る際は、さりげなくボタンを外すこと。あくまでも、さりげなくがポイントです。

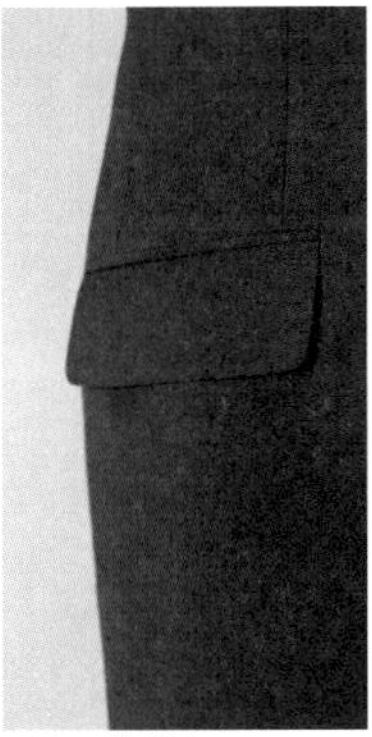
フラップを出す。

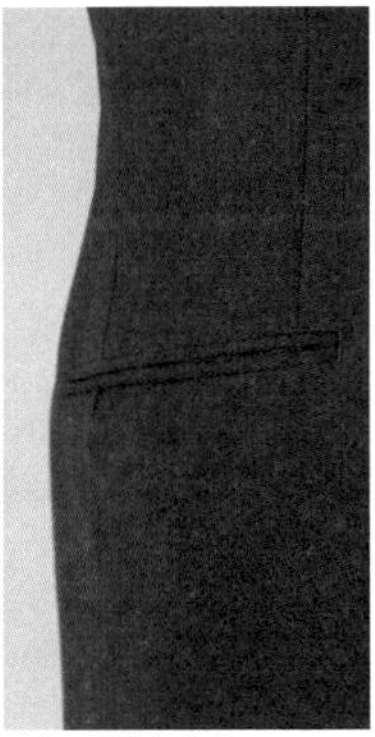
フラップをしまう。

Q ポケットのフラップ、出すかしまうかハッキリさせたい。

A 屋外では出し、室内ではしまうようにしましょう。

いまでは単純なデザインアクセントとして認識されている脇ポケットのフラップ。もともとは、雨蓋の役割を果すものであり、あくまでもアウトドア仕様のものだったんです。だから、純然たるドレッシーな世界においては、本来は無用の長物。そんなことを理解した上で、屋外から室内に入った時に、さり気なくしまうのが「通」なんです。

Q 段返りのボタンは、キッチリ上まで留めた方がお洒落ですか？

A それは野暮ってヤツです。真ん中だけ留めましょう。

日本人が陥りがちなのが、人様の面前で「前をはだけているのがみっともない」という感覚。だから、2つボタンだろうが3つボタンだろうが、全部ボタンを留めてしまうのです。でも、実はコレって相当にヤボ。だって、洋服がきれいに見えませんから。2つボタンなら上ひとつ掛け、3つボタン段返りなら中ひとつ掛けが基本なんです。

3つボタン段返りなら中ひとつ掛け。
衿の形状が美しく見えます。

Q&A 1問1答で明解解説！ スーツの"ねばならない" Styling Technic編

Q 愛犬とお揃いのスーツを着たいのですが……。

代官山Nahomillyでは、スーツに限らず、様々な種類のペットの衣類をオーダーメイドで作ってくれます！

A 代官山のNahomillyに相談しましょう。

そうですよね、そうでしょうね。愛犬とお揃いって、バカな飼主だなんて自分でわかっていながらも、ついついやりたくなっちゃうんですよね。そこでオススメなのが、愛犬のスーツをオーダーメイドで作ってくれる代官山Nahomilly（http://www.nahomilly.com/）。写真のヒデくんのスーツも、こちらでご用意いただいたものなんです。

Q 表紙にも登場している、かわいいキャラクターは誰？

A アイビー世代にはお馴染みの、アイビーボーイです。

アイビーボーイが登場したのは、1960年代のVANのポスターが最初。アイビーブーム真っ盛りの当時、若者たちから絶大な支持を受けたのです。それから時を経て現代。アイビーボーイのかわいらしさは、昔もいまもまったく変わりありませんが、なんとまぁ、ついにケータイを手にしちゃう時代になったんですねぇ。感慨深い……。

アイビーボーイの作者の穂積和夫先生は、1930年生まれの79歳。プライベートではmixiを楽しむそう…。うーん、若い！

Chapter. 04

Around The SUIT

スーツ姿を 3割り増しする、 ＋αのアイテムたち

スーツマスターになるためのアラサー男子、モノ選びの基準

山口淳が提言する、良識ある選択

「アラサー男子たるもの、スーツ以外のモノ選びにも「良識」ある「選択眼」が欠かせない。では、その良識を養う方法は？　そして、その選択の基準の設定は？　業界きっての目利きとして知られる、山口淳氏の提言からそれらを探りたい。」

洒脱にスーツを着こなすための、良識ある3つの選択とは？

30の声を聞くようになる頃には、挨拶や立ち振る舞い同様、装いにも一人前の社会人として最低限の責任を持つべきだ。そう、取引先や部下、後輩の前で恥ずかしいスーツ姿は見せられない。しかし、それはスーツ単品で実現できるものでもない。シューズ、シャツ、ネクタイといったアイテムといかに効果的に合わせることができるか。それが鍵となる。

そこで、ここでは、スーツを着こなすうえでアラサー男子なら揃えておきたい3スタイルを各アイテム別で考えてみた。セレクト基準として念頭に置いたのは、Ⓐミニマムにして正統派スタイル、Ⓑ汎用性の高いスタンダードスタイル、Ⓒカジュアルに着こなしたいときのドレスダウン対応スタイルである。

言い換えれば、Ⓐを選べばよりドレス寄りに、Ⓒを選べばカジュアル寄りのコーディネイトになる理屈である。自身のワードローブと照らし合わせ、スーツマスターへの第一歩を踏み出すきっかけとしていただきたい。

文=山口 淳、絵=綿谷 寛

Part 01
シューズ篇

正統派の選択をベースに、自身の遊び心を加味すべし

（良識ある3つの選択）

A
ストレートチップ

B
プレーントゥ

C
スエードシューズ

Shoes

20代であればすべてのシーンで万能選手である黒のプレーントゥ一足あれば事足りる。しかし、30代になったらぜひ一足は持っておきたいのが正統派のストレートチップだ。普段使いにはもちろんだが、ここぞという時のフォーマルなシーンで端正で品位のあるストレートチップはその実力を発揮してくれる。普段、靴はブラウン派という人も一足目は必ず黒を。それもメダリオン（＝飾り穴）などが施されていない内羽根式のシンプルなタイプを選ぶのが肝要だ。

プレーントゥは、基本中の基本。それだけに逆に極めれば、一番、奥が深い。切り替えは、内羽根式か、外羽根式か。あるいはなしの一枚仕立てか。製法はグッドイヤーかマッケイか。ソールはシングルかダブルか。コバはどういう形状か。アッパーに使用されているレザーの種類は。ステッチの間隔は。ステッチのカラーは。それらディテール違いで同じプレーントゥでも人に与える印象は違ってくる。確かに見た目のデザインバリエーションとしての面白みには欠けるが、プレーントゥだけですべての着こなしにも対応できるようになれば、間違いなくどんなスタイルの靴を選ぼうが合わせでの失敗はなくなるだろう。プレーントゥが基本中の基本と呼ばれるゆえんである。

靴に関しては黒のストレートチップ、（黒茶の）ごくごくプレーンなプレーントゥ。正直、この3足揃えば、あとはどんなスタイルの靴を選ぼうが構わない。後はキャラクター、好みで自分らしい靴を選べば良い、というのが筆者の見解だ。ただ、それでもあえて他の要素を挙げるとすればビジネスシーン以外のスーツ、ジャケットスタイルにも応用できる遊びの要素が30代の靴選びにはやはりあって欲しいということだろうか。最近、再評価が著しいスエード素材の靴などはその代表格といっていいと思う。

Part 02
バッグ篇

現代性を意識した目線で、異なるテイストを選びわける

Bag

ビジネスバッグほど、かつてと現在で劇的変化を遂げたジャンルはないだろう。たとえば、20年前は、携帯や自動車電話は高嶺の花でモバイルアイテムといっても一般的にはポケベルがせいぜい。ビジネスバッグといえば=レザーバッグのことを差したものだ。10数年前でも、現在のようにノートブックは浸透しておらず、現在人気急上昇のネットブックバッグやネットブックケースに至っては存在さえしていなかった。

今やナイロン素材のブリーフケースは当たり前。まさにビジネスバッグのスタンダードは時代を映す鑑といっていい。だから、ノートブックやネットケース対応のナイロンブリーフケースは、現在では世代を問わないビジネスバッグのスタンダードとして位置づけられる。あえて、アラサーとしてという条件が付け加えられるなら、ナイロン素材でもカジュアルすぎないデザインのブラックカラーのもの、ということになるだろうか。

このモバイル対応のブリーフケースをスタンダードとすれば、出番が少なくても重要な商談やプレゼン用の勝負バッグとしてアラサーなら持っておきたいのが、やはり正統派のオールレザー素材のバッグだろう。むろんクラシックなダレス、アタッシェでも構わないが、まずはブリーフケースあたりでこれは十分だ。

この手堅い2タイプのバッグに加え、さらに持っておきたいのが趣味のいいカジュアルテイストのバッグだ。イタリアの「フェリージ」や「ダニエル&ボブ」といった人気ブランドのレザーとナイロンのコンビネーションのバッグやさり気なくロゴ使いされたブランド物バッグがそれに当たる。これらは、職種によってはデイリーユースのバッグとしてももちろん使えるが、それをあえてコーディネートに応じてスパイス的に取り入れるのが、アラサービジネスマンの大人の余裕と考えたい。

(良識ある3つの選択)

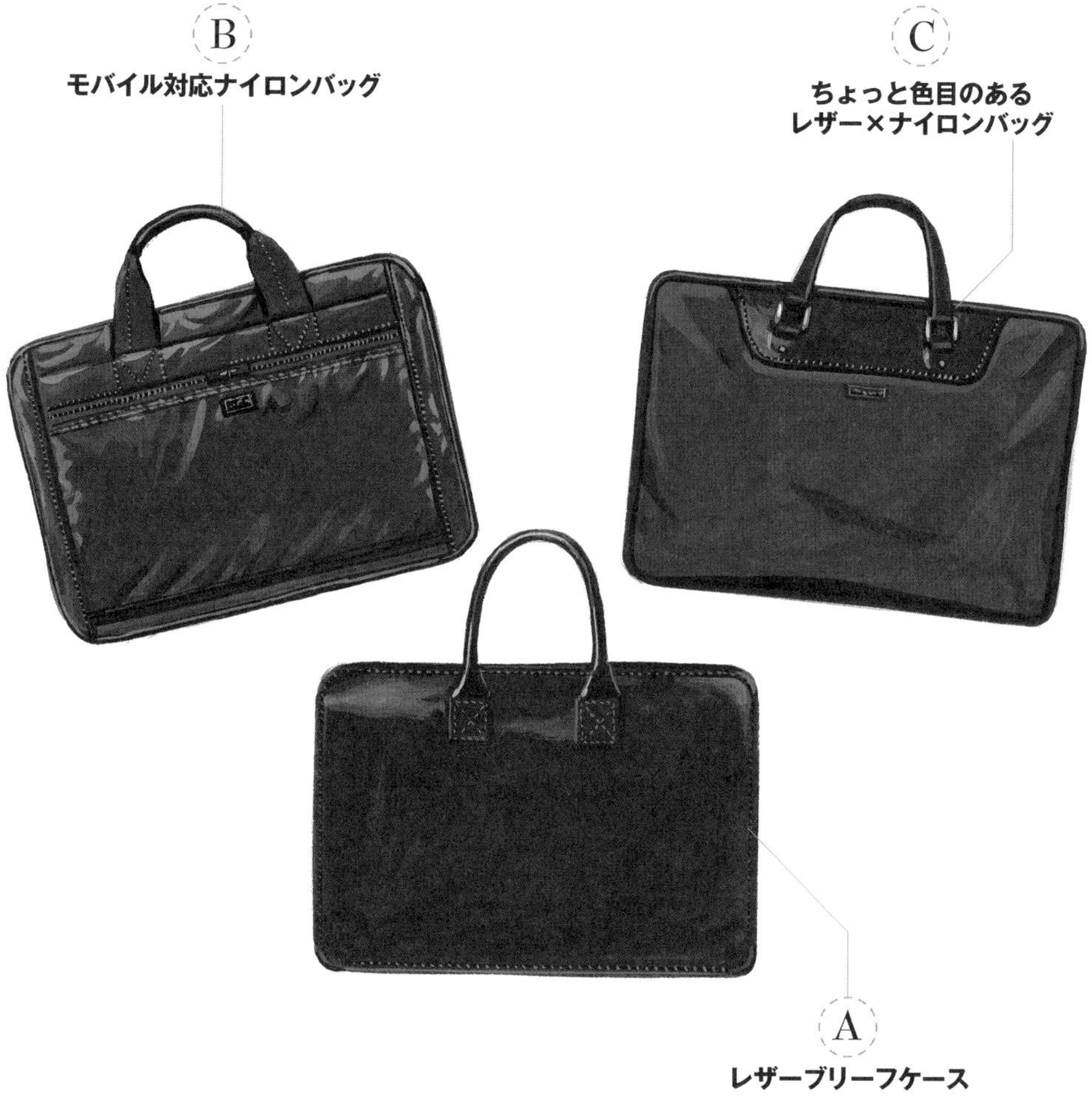
B
モバイル対応ナイロンバッグ
C
ちょっと色目のある
レザー×ナイロンバッグ
A
レザーブリーフケース

Part 03
時計篇

自身の腕を華やかに彩る、「あえて」という選択

Watch

携帯電話の普及で時計が実用性よりアクセサリー的な要素を担うようになったこと。クロノグラフやデジタルウォッチなど本来スポーツやカジュアルな時計とされてきたものが、業界系トレンドの影響でビジネスユースとしても認知されたことで、たとえば、ベルトはレザー製のもので、ダイアルはホワイトカラーのものを選ぶというようなスーツに合わせる時計の鉄板ルールはいまや完全に過去のものとなった感がある。

実際、かつてのドレスウォッチという概念さえ、今や、時代に合わなくなってきてさえいる。それだけにアラサービジネスマンの時計選びになんらかの基準を設けるのは非常に難しい。

その意味で、かつては決してドレスウォッチとは呼べなかったクロノグラフを3スタイルのスタンダードとして位置づけてみた。おそらくこれには異論反論のある方がかなりいらっしゃるのも覚悟の上である。ただし、

（良識ある3つの選択）

C
モダンなトノーorスクエアタイプ

A
正統派ドレスウォッチ

B
クロノグラフ

アラサーに相応しいビジネス時計として、ここではあえてクロノグラフでもホワイトダイアルでレザーベルトという条件だけはつけておきたい。

そして、スーツマスターを目指すならやはり上級篇としてエントリーしておきたいのは、クラシックなタイプのドレスウォッチである。パテックのようなソフィスティケイト派でもグランドセイコーのような質実剛健派でも構わない。ただし、シンプルな文字盤、ホワイトダイアル、レザーベルトであることが、必須条件であることだけは覚えておきたい。

少々、難易度は高いが、デザインに特徴のあるモダンなトノーケース、スクエアケースの腕時計をイタリア調のスーツやカラーダイアルの時計を全体のコーディネートのアクセントとして用いるのも有効だ。個人的には、こちらを現代のスタンダードとして位置づけるのも悪くないと思っている。

Part 04
シャツ篇

トラッド再評価の流れを受け、汎用性の高い定番＋αを選ぶ

Shirt

ひと昔前、ビジネスマンのシャツといえば、レギュラーカラーのブロードシャツの白と相場が決まっていたものだった。また、ほんの数年前までスーツに相応しいシャツのスタンダードは、同じ白でもワイドもしくはセミワイドの織りや柄に表情のあるタイプであった。それらは、いうまでもなくそれぞれ国産製の吊るしの量産スーツ、クラシコスーツという当時の主流、人気スーツのスタイルに最も相性の良いシャツとして浮上してきたものだったといっていい。

では、アメリカントラッドの再評価を経て、英国調の素材、柄やフレンチトラッドなど、広義の意味でトラッドの復活が注目を集める「今」、最も相応しいシャツとはなんだろう。スーツのスタイルやラペルのバランスからいえば、まず持っておきたいのはレギュラーカラーのシャツのはずである。ただし、それはかつてのままの薄手のブロードであってはならない。なぜなら、現在のスーツはスタイルこそトラッド調であっても、クラシコ調の柔らかさ、軽やかさを備えたイタリア趣味のスーツだからである。だから、カラーの形もセミワイドからレギュラーにかけて。生地も織り、柄など表情のあるものを選ぶのがスーツマスターとしては正解だ。

ビジネスシャツとしてＩＶＹ全盛の頃からクラシコ時代まで一貫して定番としての地位を維持してきたボタンダウンはトラッド回帰の現在も最も汎用性の高いビジネスシャツのスタンダードといっていい。ただし、ビジネスには過度なカジュアル感は無用。たとえばオックスならロイヤルオックス。スタイルもやや衿腰が高めで、ロールに丸みのあるものを選びたい。

着こなし上手を極めるなら、スーツの着回しに貢献してくれるブルー、ピンクのソリッドシャツ、クレリック、ストライプ、タブカラー、チェック柄なども取り入れたいものである。

文＝山口 淳、絵＝綿谷 寛

（良識ある3つの選択）

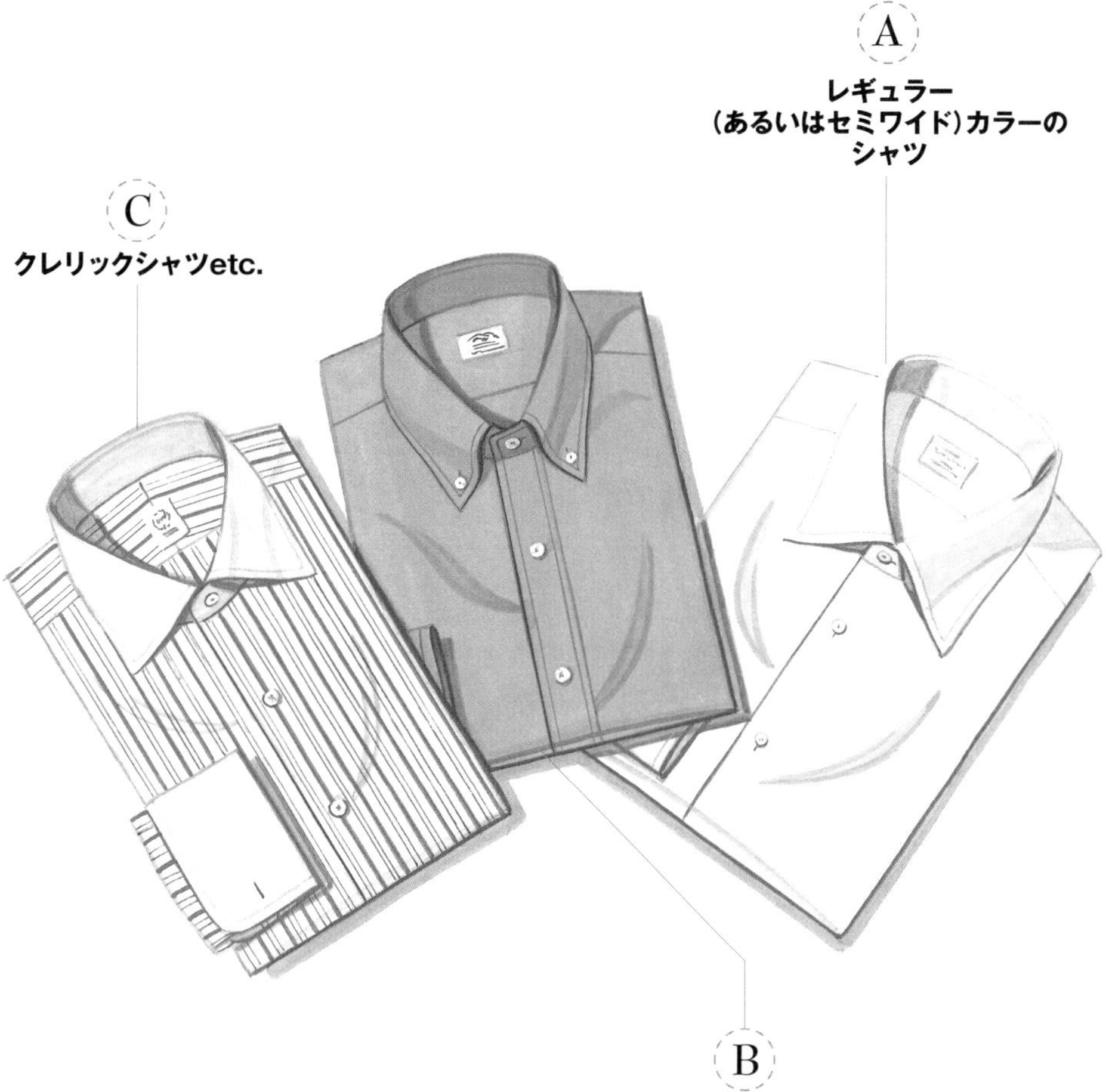
A
レギュラー
（あるいはセミワイド）カラーの
シャツ
C
クレリックシャツetc.
B
ボタンダウンシャツ

Outer

Part 05
アウター篇

フォーマル〜カジュアルを視野に入れた大人のチョイス

ビジネスマンのコートとして、今も昔も不変のスタンダードとして君臨するのは、ステンカラーコートだろう（ステンカラーというのは我が国特有の呼び方で、海外ではバルカラーコート、バルマカーンコート）。ベーシックなステンカラーは、運動量に富んだラグランスリーブ、雨風にも強いコットンギャバ素材（最近はハイテク生地を使用したものも多い）、着脱の容易さなど機能的でしかも誰にでも似合うまさにビジネスコートとしての必要十分条件を完璧に満たしている。同じ定番でも作りがやや複雑で着脱にも手間がかかるトレンチコートとどちらかを選ぶかはもうこれは好みの問題である。

ただし、ステンカラー、トレンチはいずれも靴にたとえれば、プレーントゥとウィングチップのようなもの。さまざまなTPOで通用するが、やはりここぞというときにはややカジュアルさが勝ちすぎてベストチョイスとはいえない面がある。チェスターフィールドを簡略化したセミ・チェスターフィールドコートは、その意味ではコート界のストレートチップ的存在だ。使用範囲はタキシードからダークスーツあたりが限界だが、アラサーなら一着はワードローブに欲しい正統派といえるだろう。

一方、スーツに合わせるカジュアルコートとして、押さえておきたい最右翼は、「ラベンハム」に代表されるキルティングタイプのコートだろうか。ダッフルコートや着丈の短いPコート、あるいはダウンをスーツに合わせる着こなしも実際にはよく見られるが、これらはせいぜい20代まで。もしくは日常的にカジュアルな装いが許される特殊な職種にやはり限定したいものである。あえて違う選択肢を考えるなら、Pコートならソフトメルトンで着丈長めのもの。もしくは、ウール系素材のステンカラーかトレンチのようなツイストが加えられたものをチョイスする方がアラサーには相応しい。

（良識ある3つの選択）

スーツマスターになるための
アラサー男子、モノ選びの基準

Tie

Part 06
ネクタイ篇

汎用性の高い定番＋αを選ぶ

ジェームス・ボンドの時代から最もクールなタイといえば、ソリッドタイのこと。これはクラシックからモードまで、あらゆるジャンルのスーツの着こなしにおいていえることだ。究極ともいえる黒からカラフルなものまで、ソリッドタイを選べば、大人のミニマルな正統派の着こなしを実践することができる。

それに対して万人向きのスタンダードということになると、今ならトレンドを反映してワンポイントものやヘリンボーン、千鳥格子といったトラッド柄も悪くはないが、無難な線でいけば、やはりジャカードの様々なレジメンタル、ストライプ、小紋系といったところに落ち着きそうだ。

ヒネリを利かせたいなら春夏問わず、ニットタイを上手に使いこなしたい。一口にニットタイといっても、ソリッドからカジュアルなものまで実に様々な選択肢がある。ある意味、最もセンスが問われるのがニットタイといえるかもしれない。

（良識ある3つの選択）

Chapter. 05

Maintenance

賢者の手入れと保管術

手入れを極めてお洒落を極める

服を美しく保つために必要な知識と心掛け

手入れを怠って、スーツのラインがくずれてはいないだろうか？
間違った手入れで、スーツの寿命を縮めてはいないだろうか？
どんなに上質な服を選んでも、正しい手入れをマメに行なわなければ、
その魅力や寿命は損なわれてしまう。
ここでは、習慣にすべき毎日の手入れ、アイロン掛けやクリーニングの基本、
収納や保管法の極意をご紹介しよう。

Maintenance 1

自分で出来るスーツのアイロン掛け

ヨレてしまったスーツのケアは専門店に任せるものだと思っている方が多いが、実はポイントを押さえてプレスするだけで、自身の手で見違えるように蘇生させることができる。ここではそういったコツを交えつつ、手順を追って丁寧に説明していこう。シャツのアイロン掛けも一緒に覚えておくとよい。

for Jacket
【ジャケットのプレス】

まずは座る際にシワが寄りやすい背中から。生地の流れに沿うようにあてる。

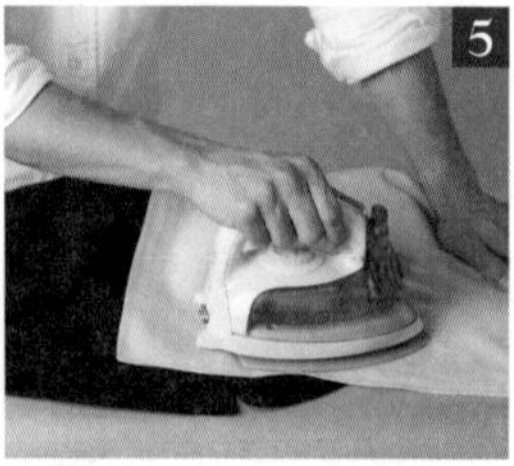

衿は裏側からプレスする。片方の手で芯地を引っ張りながらプレスするのがコツ。

ジャケットの本格的なプレスは難しいが、シワの付きやすい背面や肘と、ラペル周りの部分プレスだけでも驚くほどキレイに見える。生地を傷めないようあて布は忘れずに。

アイロン台を選ぶ基準は？

天面の素材や形、脚の有無など何を基準に購入すればよいか迷ってしまいそうだが、収納のスペース、形や素材による作業効率、また、どの姿勢で作業をするかなどそれぞれ特徴がある。それらを比べた上で、自身の生活スタイルに合ったものを見つけよう。

写真＝五十嵐和則、関根明生

今日から始める“毎日のお手入れ5カ条”

その日のダメージや汚れをその日のうちにケアするのは基本中の基本。スーツの寿命を縮めないための最低限のケアは、それほど時間がかからないもの。すぐにでも実践しよう。

1 スーツのブラッシング

一日中着ることで繊維内に進入したホコリは、ブラッシングで取り除く。しなやかでコシの強い豚毛ブラシで、繊維に沿って上から下へブラシをあてよう。

2 ポケットに入れたモノを取り出す

ポケットにモノを入れたままにするのは、型くずれの原因になるので厳禁。ハンガーに吊るす前にモノをすべて出して、ベルトも一緒に外しておこう。

3 専用ハンガーを使う

ジャケットとパンツはそれぞれ木製の専用ハンガーへ。パンツは裾を上にして吊るすと、重みによってセンターラインがキレイに出て、ヒザのでっぱりも伸びる。

4 その日のうちについたシワをとる

大半のシワは、スチーマーの蒸気で消える。ハンガーに吊るした状態のままでかけられるタイプのものだとより簡単でベターだ。シワが取れやすいうちにキレイにしておこう。

5 一日着たものは一日陰干し

一日着たものをそのままクローゼットにしまうと湿気がこもり、知らない間に生地を傷めてしまう。一日風通しのいい所に陰干ししてからしまう癖をつけよう。

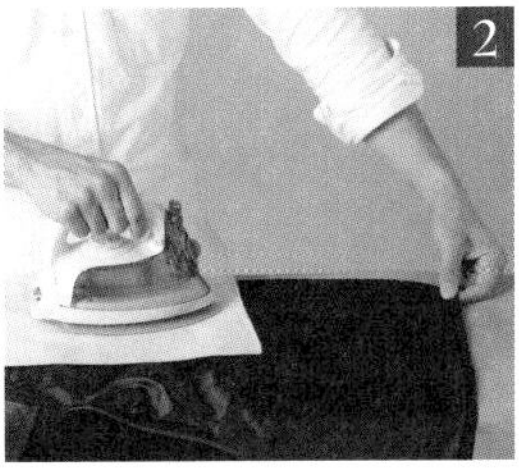

2 表に返して前身頃を開け、芯地を片方の手で引っ張りながら裏側からプレスする。

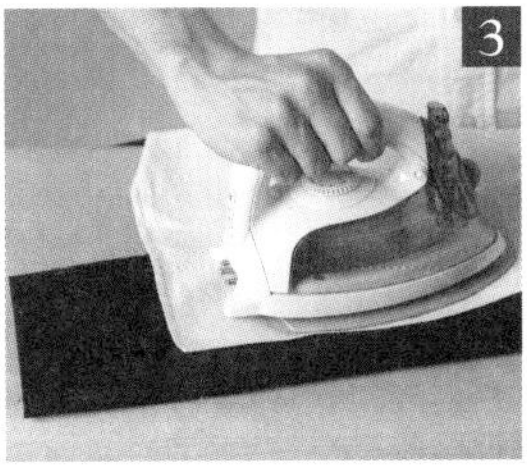

3 前身頃を閉じ、腕のプレスを。この時袖の外側にある縫い目をつぶさないように。

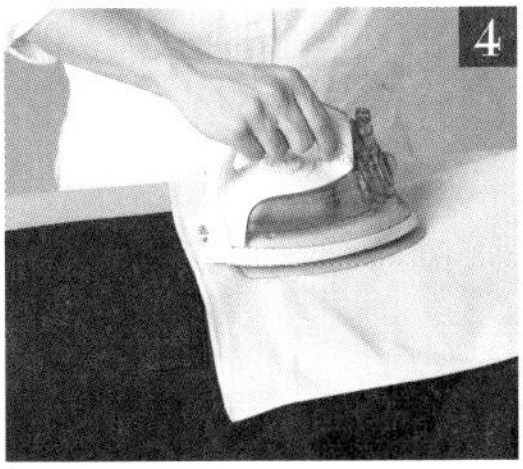

4 前身頃をプレス。生地の流れに沿うようにアイロンをあてる。

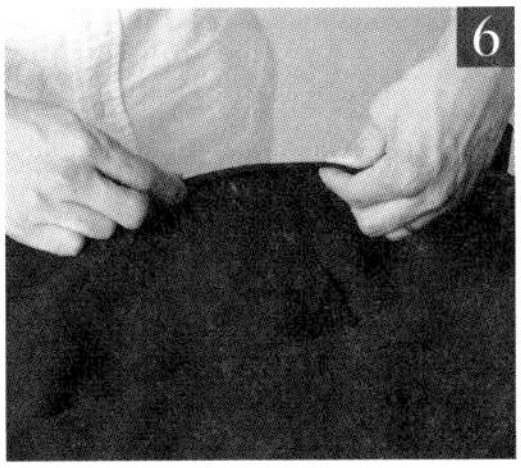

6 アイロンの熱と湿気が消えないうちにラペルの形を整える。

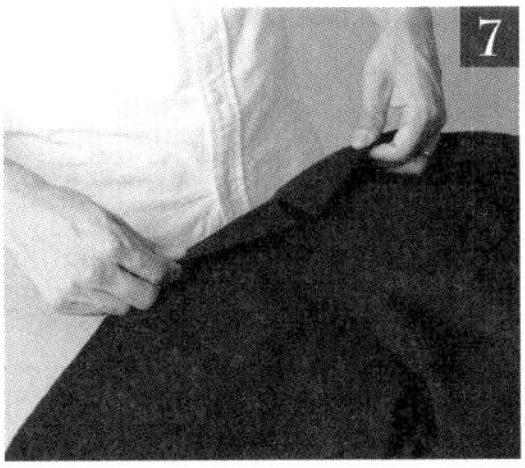

7 上衿と下衿の中間には膨らみをもたせて折りかえす。

for Pants
【パンツのプレス】

パンツは細かい工程が必要。ここでのポイントは、センターラインをピシっと決めること。もうひとつは、アイロンの熱と湿気で変形を正しつつ、ラインやシルエットを理想の形に定着させることだ。手順を踏めば無理なくキレイに仕上がる。

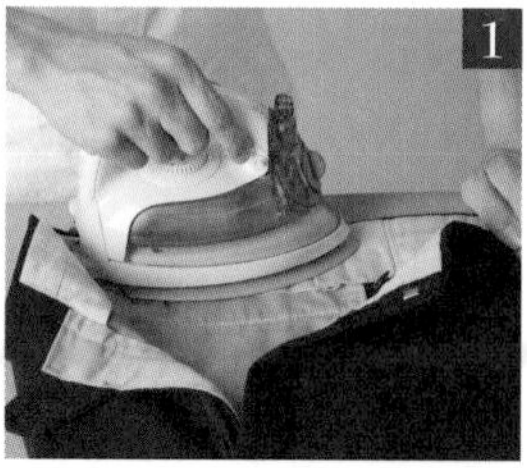

ウエストのカーブを整えて裏地からプレスする。

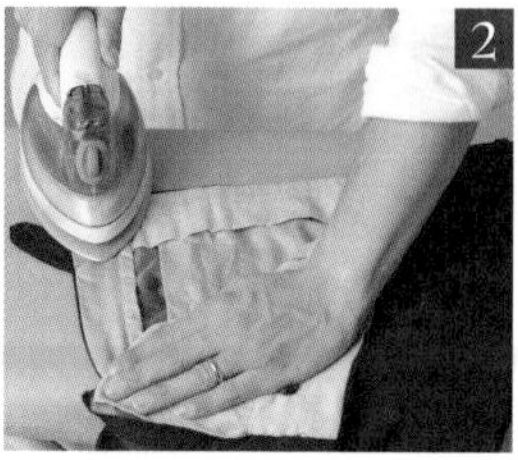

ファスナーの裏地を整え強めに上から下へ。反対側のファスナー部分も同様。

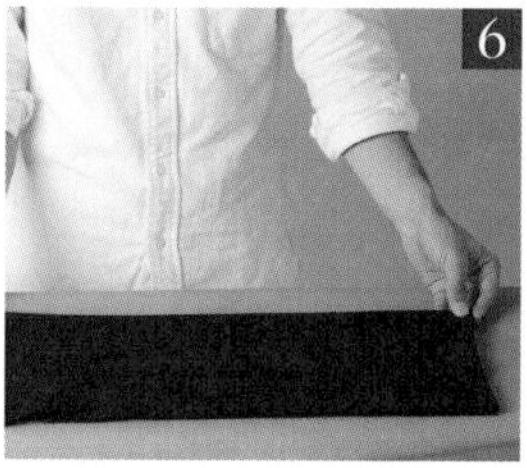

裾と股下を引っ張る。

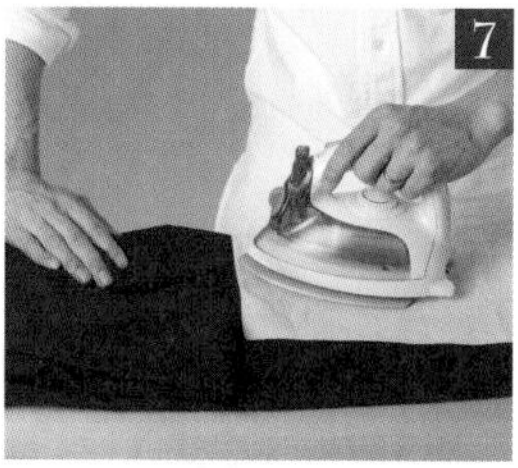

股下からヒップを整え、ラインに沿ってプレスをかける。

for Shirt
【シャツのプレス】

シャツをキレイに仕上げるコツは、立体的に作られている曲面を、裁断に合わせて細かく分けてプレスすること。平面でかけるのではなく、立体的に仕上げるイメージでプレスしよう。

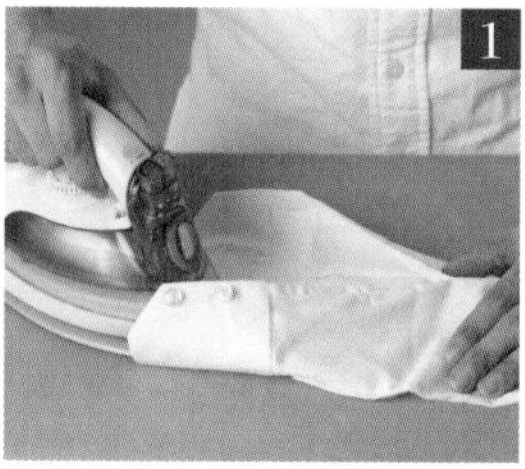

まずは左右のカフから。押し当てるように裏側からのみプレスする。

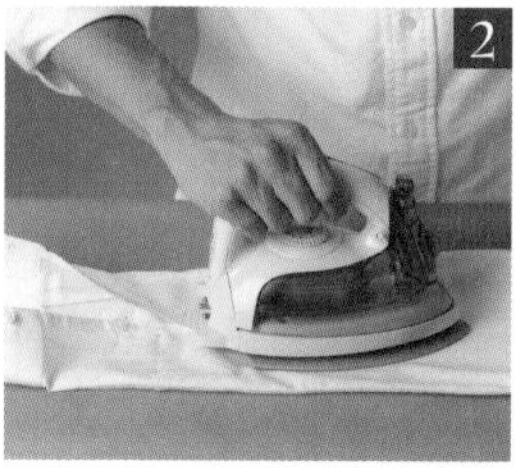

袖は肩のラインにシワを付けないように意識してセンターをプレスしていくと立体的に仕上がる。

台衿と前身頃の縫い目は、写真のようにアイロンの先端を押し当てながらプレスする。

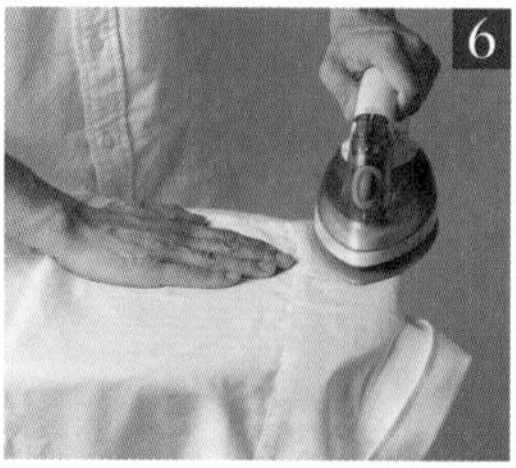

ヨーク周りは、アイロン台の四隅を駆使したり、生地を回転させたりして立体的に仕上げる。

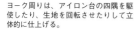

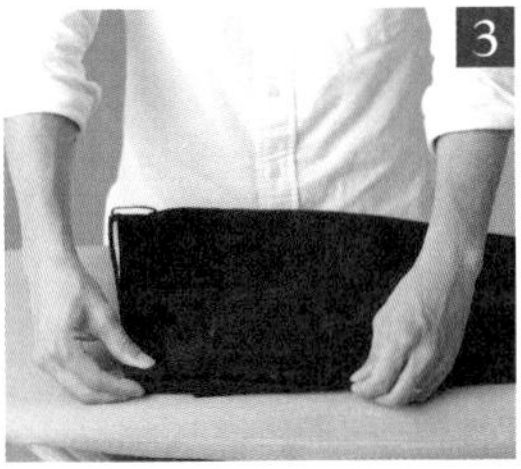

開いていた腰周りのラインを整える。

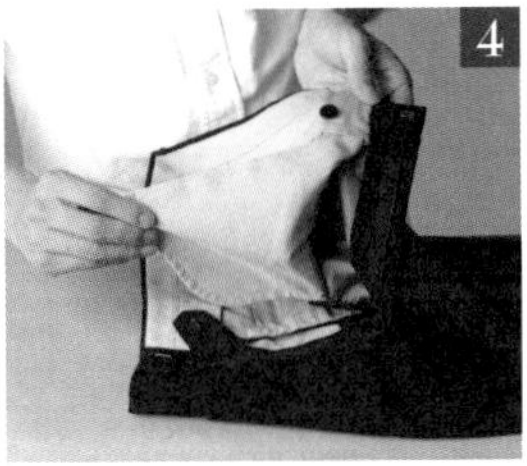

ポケットを裏側から全てつまみ出す。

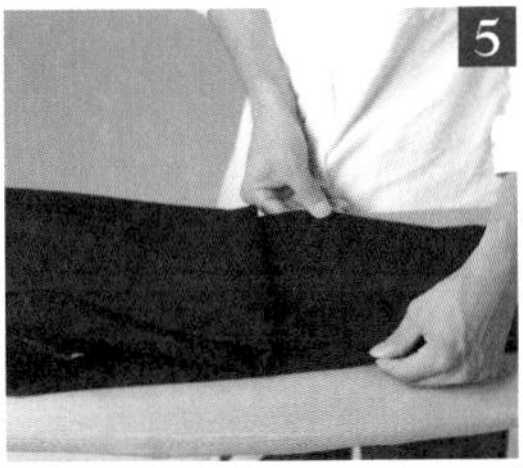

縫い目を裾から中央で合わせる。

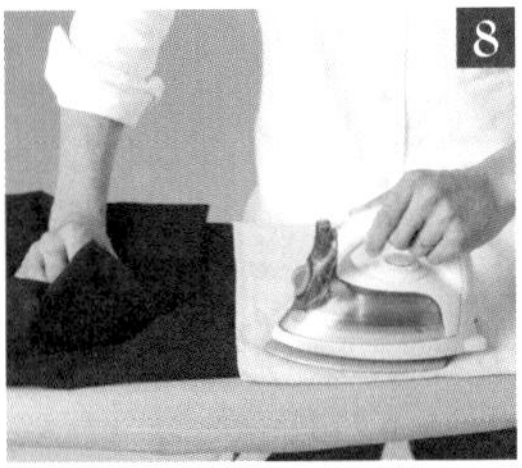

フロントラインも同様にプレス。

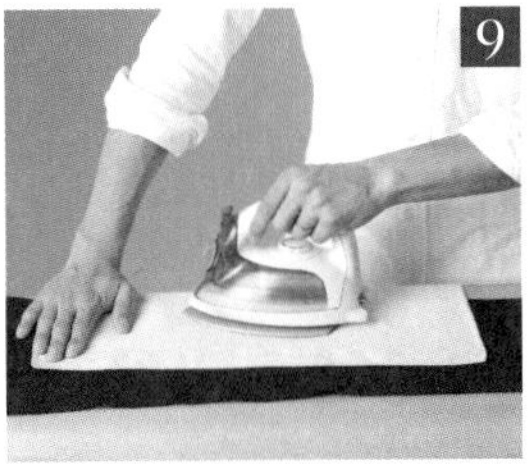

中央の縫い目の上半分を下から上へ、下半分を下から上へプレス。

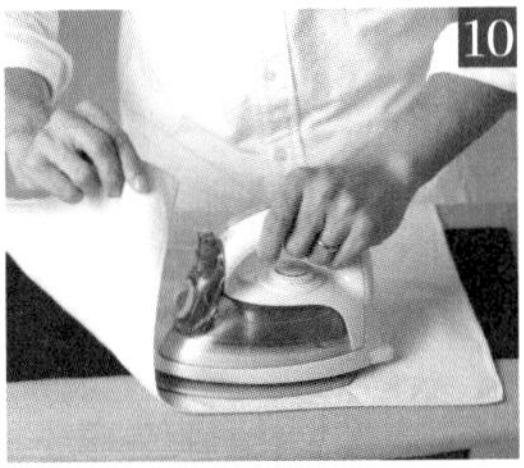

仕上げにセンターラインをプレス。プレス箇所を確認しながらかける。
※5～10をもう片側も同様に行なう。

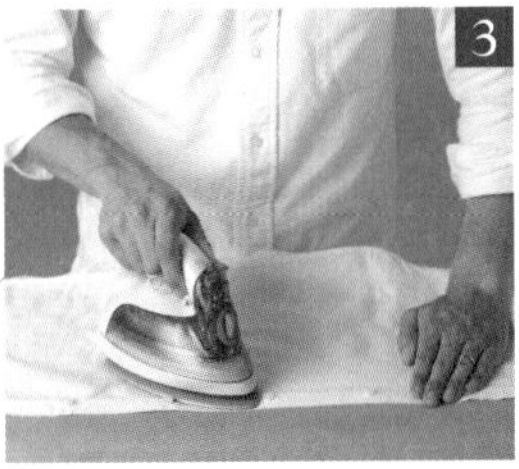

前身頃をプレス。ボタン周りはアイロンの先端を使うと上手くいく。

ココがポイント

前身頃や後ろ身頃など広い面積をプレスする場合は、手である程度シワを伸ばし、キレイな面を作ってからプレスするとスムーズに作業できる。

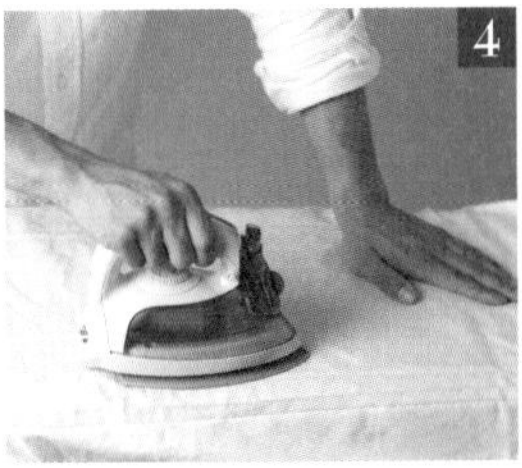

後ろ身頃をプレス。このとき、プリーツやギャザーのプレスは避けること。

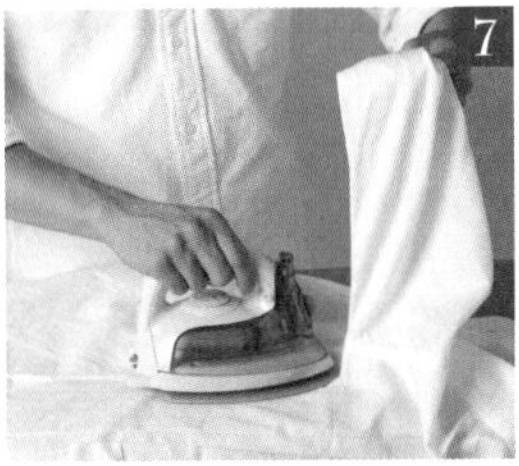

シワの入りやすい脇部分は、袖を上に上げて掛けるとよい。

最後は衿。裏側を、外から内に向かってプレスする。

Point!

頑固なシワを取るお助けアイテム!

濡らして固く絞ったタオルの上からプレスすると、あて布の効果もあり生地を傷めずにしっかりとシワを消してくれる。

Maintenance
2

“清潔”は大人のマナー
覚えておきたいクリーニングの基礎知識

自分でできるクリーニング

うっかりシミを作ってしまったり、雨の日に泥ハネを受けた場合には、早急な対応が必要。やり方さえ知っていれば、手早く自分で対処することができる。知っているつもりで何気なく行なっている毎日の洗濯も、ここで一度おさらいしておきたい。自分でできるクリーニングを知っておくことは、専門のクリーニング店と上手に付き合うことにもつながるからだ。

シャツを洗濯する

クリーニング店に出すと、プレスやノリで生地が傷みやすくなる。長持ちさせたいなら、極力自分で洗濯するよう心掛けよう。洗濯機にそのまま放り込む前にボタンは全て留め、裏返しにしてネットに入れる。汚れが付きやすい衿周りやカフスを外側にして畳み、弱水流で洗うことがポイントだ。このひと手間で生地を極力傷めず、汚れの落ち具合を格段にあげることができる。

【シミ抜き】

シミを落とすポイントは、とにかくすぐに対処すること。シミの種類は大きく、水溶性、油溶性、不溶性の3つに分かれる。種類に応じた効果的な処置をしよう。

1
シミのついた側にタオルを敷き、裏側から洗剤液を浸した布地でたたく。

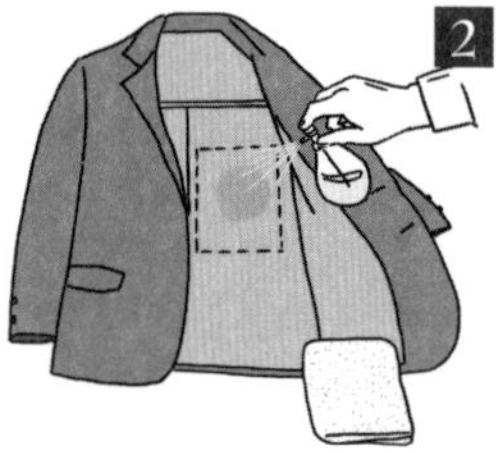
2
霧吹きでシミ部分に水を吹きかけ、洗剤液の輪ジミをぼかす。

シミの種類とその対処法

水溶性	しょうゆ、コーヒー、ジュース、酒類、血液、紅茶、ワイン、果汁、インク	水を染み込ませてたたき出す。落ちない場合は漂白剤を使用。
油溶性	口紅、ファンデーション、チョコレート、ボールペン、油、衿あか、カレー、ドレッシング、ミートソース、肉のタレ	洗濯洗剤または有機溶剤を使用。落ちない場合は、漂白剤を使用。
不溶性	泥、土、墨、鉄さび、ガム、鉛筆	物理的方法で落とす。

Point!
パンツに泥ハネがついてしまったら

まず乾いた状態の時に、絞ったタオルでたたき出す。擦るのは厳禁だ。シミになった部分は、霧吹きでぼかしながらシミ抜きをしよう。

絵=中根ゆたか

**服を清潔に保つために必要なクリーニング。
シミ抜きや洗濯の簡単テクやクリーニング店との
上手な付き合い方をここで伝授しよう。**

プロにまかせるクリーニング

大切なスーツだからといって、頻繁にクリーニング店に出せばいいというものではない。店では強力な洗剤やアイロンを使うため、生地にダメージを与えてしまうのだ。長持ちさせるためにも、店に出すのはシーズンに一度か二度がベター。また、自分ではなかなか落とせない汚れやシミは、時間が経過するほど落ちにくくなるため、早めに持ちこむことが肝心だ。

良いクリーニング店を見極めるコツは？

初めて行くクリーニング店には、まずシャツを持っていくとよい。仕上がりはノリをかけずにハンガー掛けでリクエストし、戻って来たらまず袖をチェックしよう。プリーツが揃っているか、カフのロールには適度なボリュームがあるかがポイント。袖をいかに丁寧に仕上げているかで、クリーニング店の技術を見極めることが出来る。

洗濯表示の意味を知ろう

衣類の裏地に付いているタグには、日本工業規格により規定された繊維製品の取り扱いに関する表示記号が記されている。この記号は、洗い方やアイロンの掛け方、干し方など6種類から構成され、製品がどのようなケアをしなければならないのかを判断することができるのだ。知っているようで知らない洗濯表示についていま一度おさらいし、自身のケアを見直してみよう。

タグには以下の4点の表記が法律で義務付けられている。

1 取り扱いの洗濯表示

2 繊維の素材名と混紡率

3 取り扱い注意事項などの付記用語

4 電話番号などの表示者情報

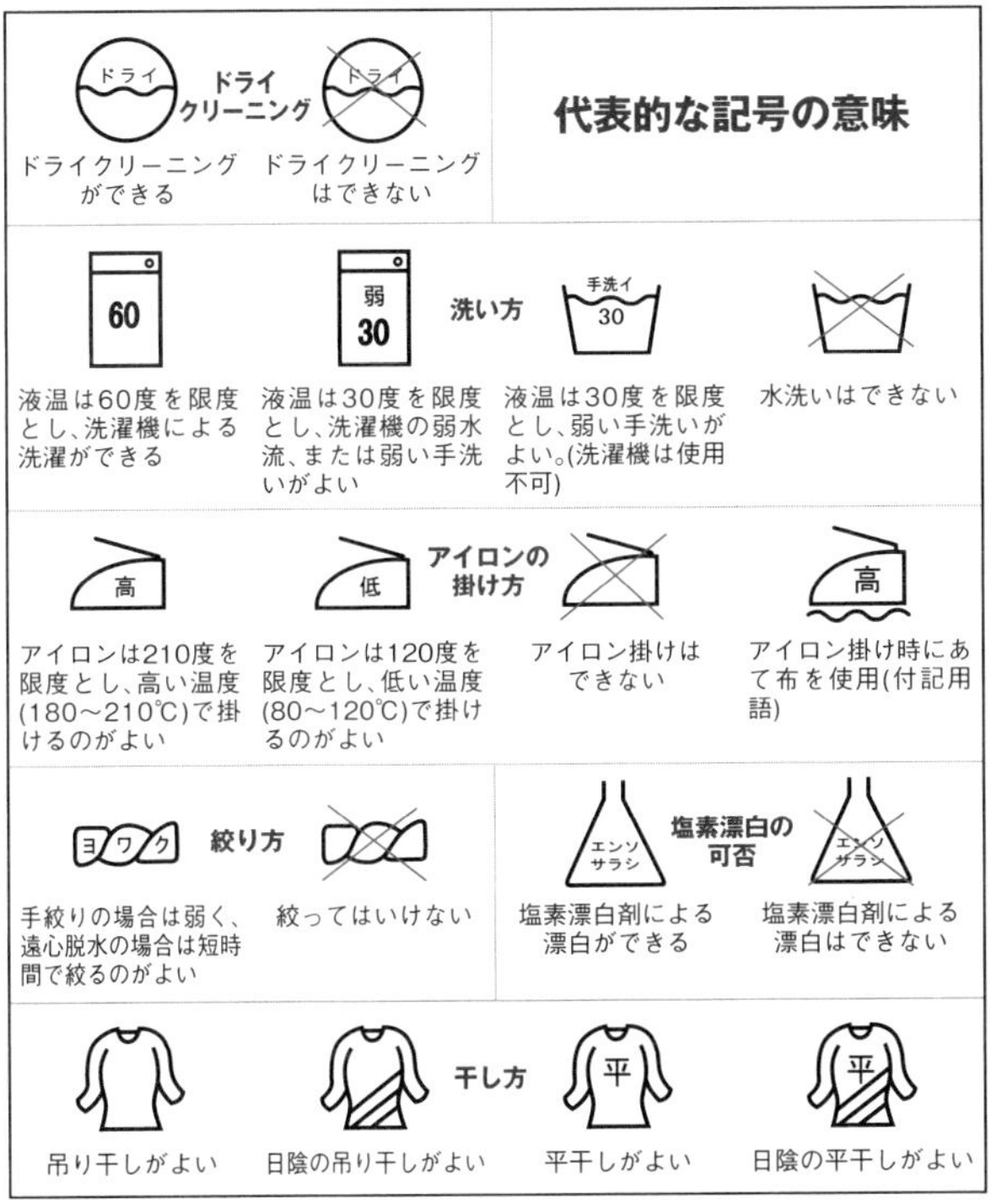
代表的な記号の意味
ドライクリーニング
ドライ
ドライクリーニングができる
ドライクリーニングはできない
洗い方
60
液温は60度を限度とし、洗濯機による洗濯ができる
弱 30
液温は30度を限度とし、洗濯機の弱水流、または弱い手洗いがよい
手洗イ 30
液温は30度を限度とし、弱い手洗いがよい。(洗濯機は使用不可)
水洗いはできない
アイロンの掛け方
高
アイロンは210度を限度とし、高い温度(180～210℃)で掛けるのがよい
低
アイロンは120度を限度とし、低い温度(80～120℃)で掛けるのがよい
アイロン掛けはできない
アイロン掛け時にあて布を使用(付記用語)
絞り方
ヨワク
手絞りの場合は弱く、遠心脱水の場合は短時間で絞るのがよい
絞ってはいけない
塩素漂白の可否
エンソサラシ
塩素漂白剤による漂白ができる
塩素漂白剤による漂白はできない
干し方
吊り干しがよい
日陰の吊り干しがよい
平
平干しがよい
日陰の平干しがよい

スーツは着ている時間以上に収納しておく時間が長い。つまり、身につけている時だけ丁寧に扱っていても長持ちさせることにはならない。正しい収納と保管を実践しよう。

生活スタイルに合わせて選びたい

Maintenance 3

スーツを傷めない収納&保管方法

ジャケットをたたむ

畳みジワのつかないコツさえマスターすれば、スーツケースで持ち運ぶ旅行時だけでなく、衣装ケースに保管する際にも使える。上下をセットにして、ゆったりと収納しよう。

前身頃を手前にして平らに広げ、裏地のシワをきれいにのばす。

ボタンのある右前身頃の上に、左前身頃を重ねる。

袖を自然なカーブに沿わせながら前身頃に重ねる。

衿は押さえつけずに、自然に形を整える。

前を押さえつつ、そのまま棒か筒状のものを背中の中央に差し込む。

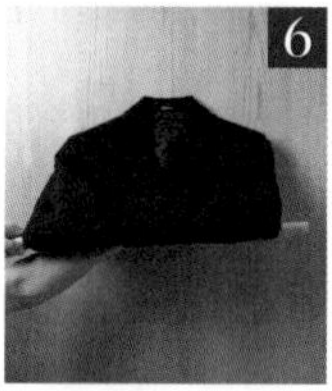

そのまま棒を持ち上げ、胸ポケットの下の部分で二つ折りにする。

棒を抜き、縦長に畳んだタオルを衿裏にはさむ。

✕ 悪い例

袖を真横に折り込むと不自然な折りジワが付き、衿の型をくずしてしまうので注意。

これを使おう！

折りジワを防ぐために必要なクッションは、新聞紙を適当な大きさに丸めてタオルでくるむなどして簡単に作れる。

パンツをたたむ

クッションを差込み、折りジワができないように畳むのがコツ。

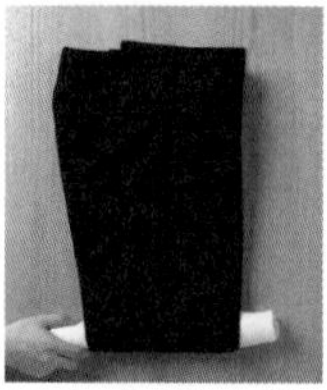
センターのラインに沿って形を整え、半分に折る。

ベストをたたむ

裁断や縫い目に沿って形を整えながら畳むのがポイント。

ボタンのある右側の前身頃の上に、左身頃を重ねる。

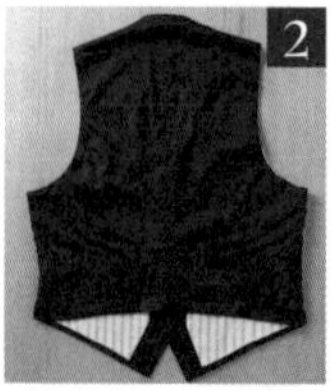

形を崩さないようそのままひっくり返し、背中のシワをのばす。

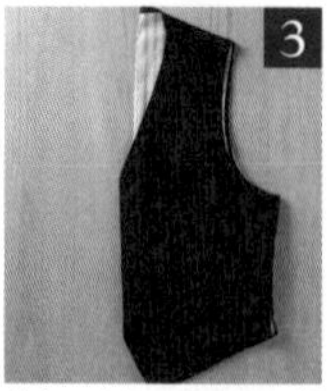

背中の中心で縦に二つ折りする。横に折る場合はクッションが必要。

クローゼットに吊るして保管する場合

肩に厚みのあるスーツ専用のハンガーでゆったり吊るそう。

クローゼットにスーツをしまう際、多くの服を収納したいがために、ついぎゅうぎゅうに詰めがちになってはいないだろうか。そのようなしまい方をすると、スーツ同士がこすれて生地にダメージを与えてしまう。スーツの命とも呼べるラペルの厚みや返りなどがつぶされて、型くずれの原因にもなるのだ。そのうえ、風通しの悪さによる湿気が、カビや虫食いの原因になることも。

そんな災難を避けるためにも、ハンガー同士の間隔は10センチほどあけて、ゆったりと収納するよう心掛けたい。難しい場合は、生地のダメージを少なくするためにもガーメントケースに入れ、湿気が溜まらないよう、週に一度は風に当てよう。

クリーニング店に出したスーツが戻ってきたら、クローゼットにしまう前にまずビニールを外して、中に溜まったアルコール分とにおいを飛ばすことも大切なポイントだ。

外出先で役立つスーツの扱い方

ジャケットをたたむ

出張時に収納する際のみならず、外出先でジャケットを脱いで傍らに置く際にも、スマートに折りたたむ方法がある。シワにならず見た目もスッキリと見せることができる。

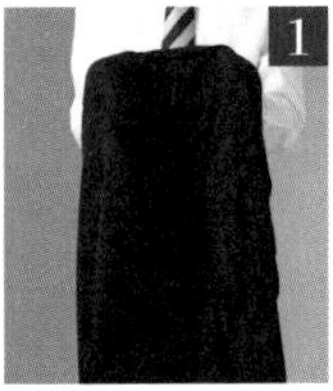

1 前ボタンを外し、左右の肩部分にそれぞれ手をいれてジャケットを持つ。

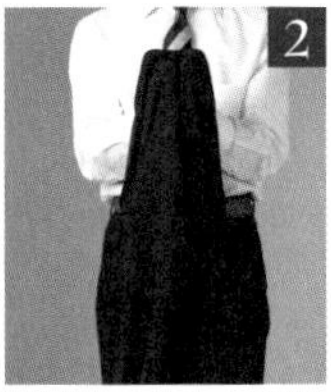

2 ラペルは立てて伸ばし、両手を合わせて拝むように左右の肩の線を合わせる。

3 合わせ目がズレないように、一方の肩に、もう一方の肩部分を覆い被せる。

4 被せた身頃を裏返すように反対側に重ねる。上襟の中心を持つとよい。

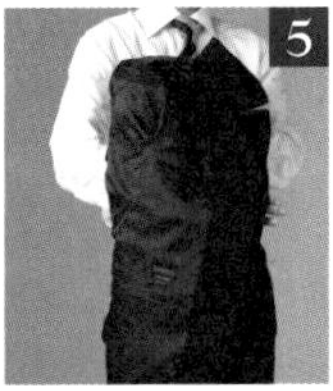

5 脇（細腹）部分を折り返して、身頃の幅に合わせる。

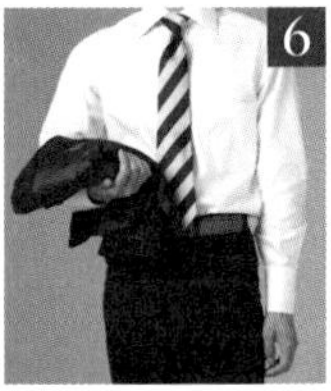

6 身頃を半分に折りたたむ。

アドバイス!!

冠婚葬祭や出張で遠方へ出かける際に、スーツはどのようにして持ち運べばよいのか。畳んでスーツケースにしまう方法もあるが、後に着用するスーツの状態を思えば、シワの付きにくいガーメントバッグに入れて持ち運ぶことをお勧めする。

バッグを購入する際は、サイズにゆとりがあり、ハンガーのしっかりしたものを選ぶこと。シャツや小物を入れるポケットが合理的に配置されているかもチェックしよう。

バッグにスーツをしまい二つ折りにする際は、背面側へ反らせる形で折り込むとよい。ラペルの折り返しなどの立体的な曲線が前身頃にはあるため、そちらを内側にしてしまうと形が崩れてしまうからだ。

ホテルへ着いたらすぐにバッグから取り出し風を通そう。シワが付いてしまった場合は、お湯を溜めたバスタブの上に掛けておくと、浴室内の蒸気がシワをのばしてくれる。ただし、スーツは蒸気をたっぷり含むので、シワを取った後は風通しのよい所でしっかり陰干しするのも忘れずに行ないたい。

お気に入りをもっと素敵に!!

スーツのお直し活用法

お直しの目的は、大きく分けて2つ。ひとつは「サイズ変更」「補修」など、実用的なお直し。もうひとつは「自分だけのシルエットを創る」ための、こだわりのお直しだ。

コーダ洋服工房は、前者はもちろん、特に後者のお直しの腕は超一流として、アパレル業界にその名を広く知られており、顧客にはビームスやユナイテッド・アローズ、ケントハウスなど、お洒落なビジネスマンに人気のブランドやショップの名がずらり。

代表の古宇田弘氏はこう語る。

「スーツにこだわりを持つ方は、それこそ5㎜の違いにこだわる。着心地の良さや、シルエットの美しさを、とことん追求していけば、そうした微細な違いにまでこだわるようになるのは、自然なことではないでしょうか」

たとえばジャケットの袖口。多くは飾りボタンが並び、実際には開かない。だがここを〝その方が美しいから〟という理由で、本当に開くようにお直しに出す。そうした自分のスタイルを大事にする、お洒落マニアたちから、コーダ洋服工房は、絶大な信頼を寄せられているのだ。

「こうしたこだわりは、女性服にはない。いわば男性だけの楽しみ、遊び心ですね」

お直しをする立場から、古宇田氏は「そのスーツをどう使うかで、どんなお直しをするかを考えてほしい」という。

「仕事用のスーツとデート用のスーツでは、おのずから『どう自分を演出するか』が変わってくる。そこでどんなシルエットにするか、全体の印象をどう創るか、直すポイントや丈なども決まってきます」

絶対に譲れないのは肩のライン。ここで、驚くほど着心地も見た目も変わる。

「一度でもそうした〝いいスーツ〟を着てみれば、その差は歴然とわかるはず。そういうスーツを創るためのお直しに、ぜひ挑戦してみてください」

**案内人／
コーダ洋服工房・
古宇田弘**
東京都世田谷区代沢2-37-15
☎ 03-3414-4817

写真＝五十嵐和則、文＝湊屋一子

Chapter. 06

Column

スーツにまつわる、古今東西エトセトラの雑学集

‘60のアイビーブーム から日本人の身体には、アメトラ好きDNAが 脈々と流れているのだ

●文＝いであつし

　毎年イタリアのフィレンツェで6月と1月に開催される世界最大規模の服飾見本市「ピッティウォモ」には、世界中からお洒落なバイヤーやプレスやファッション雑誌の関係者たちが訪れて、そこに行けば今のメンズファッションの最新のトレンドがわかる（行ったことないけど）。

　先日、そのピッティに初めて行ってきた某ファッション雑誌の若い編集者から電話があって、「イタリアのオヤジってみんなシャツの胸元のボタンを外して着てるのかと思ったら、そんなヤツは1人もいませんでしたよ。ピッティで見かけたオヤジたちは、み～んなBDシャツを着てました」と、ややコーフンぎみに真実を語ってくれたのだ。

　うんうん、やはりそうであったか。ぼくもそうじゃないかなと、薄々感づいていたのだよ。なにしろアータ、ピッティで見かけるようなイタリアの男たちは、アメリカ人よりもアメトラやアメカジが大好きだから。

　もう「ブルックスブラザース」のBDシャツなんか大好物で、オックスフォードのBDシャツ1枚だけでピッツァを丼3杯ぐらい軽く食べちゃえる。

　そのイタリア人よりももっとアメトラやアメカジが大好きなのが、ワレワレ日本人である。

　昔っから「ポロラルフローレン」の馬のマークが大好きだし、トム・ブラウンだって、「ブラックフリースバイブルックスブラザーズ」なら「ちょっと着てみたい♡」と思っちゃうかんね。

　思うに、日本人がアメリカ人よりもアメトラ好きになったのは、60年代に「VAN」の洗礼を受けたアイビー世代からである。

　もうね、この世代にとっちゃアメトラの総本山のブルックスブラザーズなんて昔は神の存在でして、79年に日本に初めて青山店がオープンした時なんざ、来日した向こうの店員が店内に押し寄せる日本人の客を見て、「50年代のブルックスブラザーズの客のようだ」と驚いちゃったぐらいですから。

　ワレワレ日本人の体の中にはそんなアメトラ好きDNAが、「アイビージャケットはナチュラルショルダーでなければならぬ」だとか、VANから「～ねばならぬ」を教え込まれた時代から21世紀の今日まで、えんえんと受け継がれているのだ。こちとら、ピッティでちゃらちゃらとBDシャツの前をはだけてウロチョロしているイタリアのアメトラ好きオヤジとは、年季も格も違うんだもんね。

　その証拠にどうです、昨今のアメトラ景気ときたひにゃ。セレクトショップに行くと、アメリカ人よりもアメトラ好きなバイヤーが探してきて別注した、いまやアメリカに行っても誰も着ていない知る人ぞ知るアメトラの老舗ブランドの服が、ここ日本で買えるのだ。

　例えば、「サウスウィック」のスーツ。細いラペルにナチュラルショルダーで、胴を絞ってないボクシーなシルエットの3つ釦段返りでセンターベント。いわゆる典型的なアメリカントラディッショナルスーツで、ブルックスブラザーズで「NO1サックスーツ」と呼ばれているスタイルなんだけど、それもそのはず、ブルックスブラザーズは、ここんちでNO1サックスーツを作っていたのである。

　へぇ～、そうだったんだぁ。長年アメトラやってますけど、ちーとも知らなんだった。てい

絵＝ソリマチアキラ

うか、そんな細かいこと、アメリカ人も知らないと思う。うーむ、恐るべし、アメトラ好きな日本のセレクトショップ。

　スーツに合わせるシャツも、あれほど猛威をふるったイタリア製のハンドステッチの高級ブランドのドレスシャツはすっかり人気がなくて、いまやセレクトショップのコーディネートの主流は、前立てのついたBDシャツにレジメンタルタイだ。

　一番人気はインディヴィ……（あ痛痛っ、舌噛んじゃった）、「インディヴィジュアライズドシャツ」のBDシャツである。

　これだってアータ、ブルックスブラザーズのBDシャツを作っていたブランドだなんて、オジサンは最近知りましたからね。恐るべし、アメトラ景気。

　ちなみにファッション業界には「アイビーブーム15～20年周期」という説があって、最初のブームは60年代の日本ではVANがブームになった時。二度目のブームがラルフローレンが登場した80年代のプレッピーブーム。そしてトム・ブラウンが出てきた今回のアメトラ景気が三度目のブームなんである。

　すでにVANやラルフローレンがDNAに組み込まれちゃってる世代は「またかい」と思う反面、オジサンたちの知らなかった本物のリアルなアメトラが日本で簡単に手に入って着られる今どきの若いコたちが、じつはちょっぴりウラヤマジイ。

キミは、「そこそこ君」でいいのかっ！　コンサバカオヤジからの提言

●文＝佐広 朗

　ここ数年、ビジネスマンのスーツスタイルはかなりお洒落になったと思う。サラリーマン、でなくてビジネスマンと呼ぶようになったこと自体、かなりの変容ぶりである。サラリーマンって言うと昭和の臭いや新橋の駅前がぷんぷんと漂ってきますからねえ。ビジネスマンって言うと、新橋の駅前じゃなくて丸の内ビズスタイルみたいな？

　いまじゃアータ、本切羽とかお台場仕上げ、AMFステッチなんて当たり前。いまやクラシコイタリアもどきなスーツが、安売りスーツ量販店で売ってるスーツのスタンダードになっているのだ。いま街で見かけるビジネスマンが着ているスーツの多くは、こういった安売り量販店のクラシコイタリアもどきスーツなんである。

　しかしながら、哀しいことにこれはクラシコイタリアブームが今どきのビジネスマンのスーツスタイルに残していった最大の弊害でもあるのだ。

　例えば、クラシコイタリアブームの頃に流行した、北海道土産の木彫りの熊みたいなやたらと凝ったステッチを施した捨て寸の長ぁ～いロングノーズの靴。

　ワレワレの間では「木彫りの熊靴」と呼んでおるのだが、未だにこれを履いてるビジネスマンをよく見かける。木彫りの熊まではいかないにしても「どんだけ捨て寸があるんじゃい！」とツッコミたくなるような、つま先が長くて妙な飾りステッチが入ったロングノーズの靴を履いてるビジネスマンの、まぁ多いこと多いこと。

どんなにセレクトショップやファッション雑誌がやれプレーントゥだ何だと一生懸命に薦めても、長ぁ～いロンクノーズの捨て寸靴の浸透ぶりは一向に衰えない。ていうか履きかえる気配は全くなし。以前、まっとうな靴も取り扱う某スーツブランドのプレスに「なんであんなロングノーズの捨て寸靴も置いて

るのか?」と尋ねてみたら、「売れるから仕方ないんです」と嘆いていたくらいですからねえ。

　他にも、ドゥエボットゥーニや、ボタンステッチが赤だったり黄色だったりして、台衿がやたら高いシャツ。ワレワレの間では「小泉純ちゃんシャツ」と呼んでおるのだが、これも未だによく見かける。またそこそこイケメンなビジネスマンがよく着てたりするもんだから、事態はかなり深刻である。

　ピンストライプスーツというのも、最近はすっかり浸透している。しかしその経路がクラシコイタリアブーム→ちょいワルオヤジブームを経ているために、ピンストライプスーツを着てる人のシャツの台衿は一様にしてみんな高い。なかにはガクランの詰め衿みたいなやつもいる。でもって縞が、やけにくっきりとしたピンストライプなのだ。

　ワレワレの間ではこういうピンストのスーツを「清原和博ピンストスーツ」と呼んでおるのだが、貫禄のある清原ピンストスーツの上司と飲みに行くと、カラオケで長渕剛の『とんぼ』を聴かされたのち説教されるから、くれぐれも気をつけてほしい。

　また、最近の今どきの若いビジネスマンに一番多いのが、パステル系のレジメンタルタイをノットを太目に締めている輩。なぜそんなにノットが太い？　なぜ簡単でお洒落なプレーンノットにしない？　そしてなぜ、いつもジャケットの着丈が短かくて、お尻がぱつんぱつんの細身のパンツをはいている？

　ワレワレの間では、こういう若い今どきのビジネスマンのことを「そこそこ小泉孝太郎」と呼んでいる。そこそこ小泉孝太郎君の鞄は、ほぼみんなナイロン製のブリーフケースね。しかも毎日へビーユースしすぎて、いい具合にクタクタなのだ。あのね、悪いこと言わないから今度のボーナスでちゃんとしたレザー製のビジネスバッグをもう1つ買い足しなさいって。

ボーナスが出たら、そこそこ小泉孝太郎君に、もう一品、ぜひとも買い直していただきたいのが、ハーフ丈で、エポーレットや胸ポケットが付いたM-65をアレンジしたようなデザインの、そのビジネスコート。

　あのね、カジュアルじゃないんだからさぁ、スーツにあれはいかがなものか。しかも毎日へビーユースしすぎていい具合にアタリまで出ちゃって、味出し加工されちゃってるのだ。マッキントッシュとは言わないから、普通のベージュのステンカラーコートを買いなさいって。

　最後に老婆心ながら、よくファッション雑誌でやってるOLを集めてスーツの着こなし方をアーダコーダと言って採点する座談会。あれは、たとえそれが北川景子みたいな女子であっても真に受けずに、話半分で読んどいたほうが賢明である。いわゆる女子ウケのいい格好ってやつと、男子が格好いいと思う格好とは根本的にセンスが違うのだ。

モテモテのできる男、ジェームズ・ボンドは、機能追求型のスーツを賢く着こなす!?

●文=ゴトーアキオ

10年ぐらい前、オズワルド・ボーティングにインタビューした。僕が「君のファッション・ヒーローは誰？」と訊ねたら、オズワルドが、「007!」と即答した。オズワルドは、ティモシー・エベレストと共にサヴィル・ロウの伝説的テイラー、トミー・ナッターに学んだ1990年代のファッション・ジーニアスだ。

　僕は、当時彼が作っていたシャープでクールな服が好きだったので、「ははん、なるほどね」と合点した。

『007』すなわち、ジェームズ・ボンドは「できる男」の代表である。ま、ダメ人間は諜報部員になれんからな。できる男はアストンマーチンにも乗れるし、美女にもモテる。毎回毎回瀕死の状態にさらされる危険な任務を除けば、非常に羨ましい限りだが、「できる男」「ＭＭＫ（モテてモテて困る／古っ）」の重要マターとして、スーツの着こなしがある。

１９６２年から始まった、映画シリーズではジェームズ・ボンド役をショーン・コネリー、ジョージ・レーゼンビー、ロジャー・ムーア、ティモシー・ダルトン、ピアーズ・ブロスナン、ダニエル・グレイグといった、時代時代の「男前」が演じてきたわけだが、やはり、ここはショーン・コネリーにスポットを当ててみたい。

ショーン・コネリー演ずるジェームズ・ボンドは、基本ライトグレーのツーピース。ジャケットはシングル２つボタン、当然サイドベンツ。Ｖゾーンは広め。スラックスはツー・プリーツのカフレス。とりあえずすげえカッコイイ。

僕は『００７』の専門家ではないので、ど素人の想像に留まってしまうが、このスタイルは機能性をとことん追及している、と思う。まず、ホルスター着用のためにベストは不用。更にＶゾーンを広くとることで銃器の取出しが容易になる。スラックスのベルトレス、カフレス、ツー・プリーツは、激しい攻防戦にも難なく対応できる構造になっている。さらに、ライト・グレーのカラーリングは、地面をゴロゴロ転がったりした後のホコリや汚れを目立たせないためか、違うか。絶対違うな。

と、まあこんな感じでショーン・コネリーのバージョンは続くのだが、ピアーズ・ブロスナンあたりまで下ると、「ファッションーコンシャスなランボー」みたいになってしまい、とても残念である。ちなみに、『００７は二度死ぬ』で共演した、丹波哲郎のダークスーツもカッコイイし、着物に羽織で拳銃をぶっ放す姿も最高である。

ショーン・コネリーは、私服も渋い。なんかの賞をもらった時に着ていたブラックウォッチのタキシードとか、真っ赤なタートルネックの上に羽織った鮮やかなブルーのジャケットとか、さすがイギリスの役者だけある。

ところで、日本のスーパー・ムービーキャラクターに車寅次郎という人物がいる。スーツに雪駄、腹巻という見事なフーテン・スタイルで女にモテまくる。しかし、最終的には無残に振られるので、格好を真似することはおススメしない。あしからず。

えっ、トム・ブラウンのルーツって、無責任男の植木等だったの!?

●文＝いであつし

スーツをカジュアルウェアでも着てるがごとく、お洒落に日常で着こなす。これ、言うのは簡単ですけども、まず難しい。

よくファッション雑誌でも「ドレスダウン」とかいって、スーツの上にダウンベストやマウンテンパーカーを合わせたりするけど、実際にそんな格好して街を歩いてもサマになるのは、いわゆる業界の人たちだ。普通に考えたら、ちっともリアルなコーディネートじゃないやね。

経験上、申しますと、そういう着こなしが世界で最もお得意でリアルに似合うのは、フランスのパリジャンたちである。

昔、『マリナ・ド・ブルボン』というフランスの貴族の末裔がオーナーのパリのセレクトショップが原宿にオープンした時、来日したスタッフがグレイのスーツの上から黒いダウンベストを着ていて、それはそれはもうカッコよかった。

でもグヤジイけど、本場のパ

リジャンだからカッコいいんであって、同じ格好を日本人がやると妙にお洒落すぎて、頑張ってる人になってしまう。ていうか、一般人にはムリな芸当です。

　パリの『マルセル・ラサンス』の本人に会った時もそうだった。ラサンスはブラウンのスーツにイングランドカラーのネイビーのポロシャツを着て、ネイビーのホーズソックスにオールデンの茶のチャッカブーツ。そしてなんと腕時計はGショックという格好だった。まぁ、カッコいいったらありゃしなかったね。

　ちなみにマルセル・ラサンスは海水浴にもスーツを着て行くんだそうだ。まぁでも海水浴っていっても、仏映画に出てきそうなサラサラな砂浜の避暑地で優雅にバカンスなんだろうけど。

　フランス人じゃないけど、昔『ポール・スミス』本人に会った時も、やっぱりスーツをカジュアルにノータイで着こなしていて、カッコよかったんだよなぁ。

　ウーム…、どうして日本人は欧州の男たちみたいに、あんな風にスーツを日常的にカジュアルに着こなせないんだろうか?

　いろいろ考えた結果、だって日本は高温多湿でスーツが似合わない気候なんだから仕方ないじゃん、という結論に至った。

　ところが先日、衛星のCSチャンネルで昭和の古い邦画を見ていたら、決してそんなことはない! というのが判明したのだ。

　例えば、昔の東宝の『無責任シリーズ』の植木等のスーツの着こなしっぷり。いま見ると、相当にお洒落なものである。

　裾丈の短いシャークスキンの細身なスーツで、白シャツに黒のニットタイをして「♪サラリーマンは気楽な家業ときたもんだ〜」とカジュアルに唄い踊る植木等なんてアータ、どこから見てもトム・ブラウンだ。

　初期の『ゴジラ』や、『空の大怪獣ラドン』、『地底怪獣バラゴン』、『サンダ対ガイラ』などなど、怪獣映画もあなどれない。

　昔の東宝の怪獣映画に出ている俳優は、何時も必ずちゃんとタイドアップしていて、おそらくはテーラーメイドと思われるジャストサイズのスーツ姿なのである。靴だってちゃんと常に革底の紐靴を履いている。

　そうして、その格好で箱根へドライブにだって行っちゃう。オープンカーの助手席にスカーフをエルメス巻きした水野久美を乗せて走っていると、空から大怪獣ラドンが出現! きちんとタイドアップしたスーツ姿に革底の紐靴で、走る、逃げる、佐原健二や高島忠夫。

　いやはや、そのこなれたスーツの着こなしっぷりたるや、まるでみんな『北北西に進路をとれ』のゲーリー・クーパーみたいである。いやこれ、ホント。

　昭和の古い邦画を見てると、日本の男たちだってフランス人みたいに、昔はちゃんとサイズの合ったテーラードスーツを、ごく普通に日常で格好よくカジュアルに着こなしていたのだ。

　そうそう、昔の東宝映画といったら、加山雄三の『若大将』シリーズも押さえておきたい。これなんかアータ、今流行りのアメトラ、プレッピースタイルのリアルなお手本になる。

　例えば『大学の若大将』での若大将こと田沼雄一の格好は、半袖のBDシャツに細身のコットンポプリンのパンツを短めにはいてローファー。昭和臭いどころか、まんま『ビームスプラス』の店員みたいではないか。

　スーツだって、『エレキの若大将』で勝ち抜きエレキ合戦に出場した時に着ていたのは、3つ釦ナチュラルショルダーのサックスーツでBDシャツにレジメンタルのナロウタイですからね。

それにしても昔の邦画は、スタイリストも衣装提供のクレジットもないのに、つまんない今の邦画よりずっと参考になる。平成のサラリーマンよ。今こそ植木等や加山雄三のスーツの着こなしっぷりを見習おう。

覚えておくべし！ スーツのトレンドに必ず出てくる着こなし。ウィンザー公とJFK

文＝佐広 朗

今年の秋冬は久々にダブルのスーツの人気が復活していて、ダブルのグレイフランネルスーツに、スエードのチャッカブーツやダブルモンクストラップを合わせるのがトレンドらしい。

フェアアイルのニットベストも昨年に引き続き人気のアイテムで、グレイフランネルのスーツのインに着てスエードのフルブローグを履いたりするラルフローレンがお得意のテクも、今年はやたらと見かける。

でも実はそれって新しくも何でもなくて、とっくの昔にウィンザー公がやっちゃってるのよね。

プリンス・オブ・ウェールズ・エドワード8世こと、ウィンザー公。英国王室の王位を捨てて愛する人、ウォレス・シンプソンとの人生を選んだ世紀のロマンスもさることながら、20世紀のメンズファッション史を語る上で、その名を絶対に外すことはできない、元祖ブリティッシュトラッドの王子様である。

なにしろアータ、ウィンザー公が世の中に広めた着こなし方やアイテムの多くは、現在のメンズファッションのスタンダードになっておるのだよ。

例えば、前述の秋冬のトレンドのダブルのグレイフランネルのスリーピースにスエードのフルブローグシューズを合わせるというコーディネイト。それこそ今じゃ誰でも普通にやってるけど、最初にそれをやったのがウィンザー公なんである。

アウトドアシューズであったスエードのシューズをスーツに合わせて履いちゃうなんてアータ、当時はとんでもなく斬新なコーディネートだったのだ。

それからフェアアイルニットをスーツに合わせてドレスダウンする着こなしをやったのも、ラルフローレンじゃなくて、ウィンザー公が最初ですからね。

他にも、ピンストライプのスーツにストライプのシャツを合わせるコーディネイトも今じゃ当たり前だけど、柄ものに柄ものを合わせる「パターン・オン・パターン」は、ウィンザー公が最も得意としたテクニックで、彼が最初に流行らせたのだ。

また、英国スタイルの基本の基であるワイドスプレットシャツは別名「ウィンザーシャツ」とも呼ばれていて、「ウィンザーノット」というタイの結び方も、その名のとおり、ウィンザー公が発明したといわれている。

まだまだ他にも、ウィンザー公が「ジョン・ロブ」にオーダーして生まれたダブルモンクストラップシューズや、ハンチングキャスケット、パナマハットなどなど、いちいち全部あげてたらメンズファッションの教科書が1冊できてしまう。

そういうわけで、秋冬のトレンドの元ネタはウィンザー公。これ、毎年のように絶対試験に出るから覚えとくように。

さて、ウィンザー公が元祖ブリティッシュトラッドの王子様ならば、これまた最近ブームのアメトラスタイルの、元祖王子様といったらば誰なのか？

やはり第35代アメリカ大統領の、J・F・ケネディの名前を上げなくてはいけんでしょう～。

J・F・ケネディのスーツスタイルなんかアータ、トム・ブラウンを代表とする今どきのニューアメトラファッションのまさに元ネタといっちゃってもいい。

リチャード・アヴェドンが撮ったJ・F・ケネディ一家の写真集に載っている、スーツ姿で愛娘のキャロラインを抱えたケネディを見ると、そのへんの細かい着こなしがよう〜くわかる。

グレイのスーツは2つ釦のナチュラルショルダーでノッチドラペル。広めにとったダブルの裾で絶妙な丈のパイプステムパンツに、黒いフルブローグチップの靴。細身のレジメンタルタイを締めて、白いポケチをTVフォールドでちらりと覗かせ、ポケットのフラップはさり気なく内側にしまっている。

もうね、そっくりそのまんま「ビームスプラス」の丸の内店や銀座の「ワインレーベルフォーシップス」のディスプレイに使っても、ちっともおかしくない。
ちなみにケネディといったら白いオックスフォードのBDシャツというイメージが強いけど、じつはケネディは公の場でBDシャツは着ていない。これはアイビーリーグの名門であるハーバード大出身というエスタブリッシュメントなイメージを和らげるために、あえてそうしていなかったと言われている。この写真集でも、スーツにレギュラーカラーでダブルカフスの白いシャツを着ているのだ。
そういえば昔、省エネスーツとかいって半袖のスーツを着てた政治家がいたけど、なんで下をバミューダパンツにしないで上を半袖にしちゃうかなぁ〜。
フントニモー、ケネディの爪の垢を煎じて飲ませてあげたい。あ、今ならばトム・ブラウンの爪の垢でもいいやね。

現代的でスマートなスーツの着こなし、その極意は「モッズスタイル」にあり

●文＝中須浩毅

1980年。僕にとって、20代ど真ん中を迎えた区切りの年。この頃から、僕は新宿テアトルビルにあったディスコ（当時は、クラブという呼称はまだ無かった）「ツバキハウス」に足繁く通うようになる。

「ツバキハウス」が始めた、曜日ごとにスタイルを変えるワンナイトギグという、現在のクラブでは当たり前だが、当時としては画期的な手法が、僕の夜遊びの常識を覆してしまったからだ。そして中でも絶対外せないのが、毎週火曜日開催のイベント「ロンドンナイト」だった。

「ロンドンナイト」は尊敬する音楽評論家の大貫憲章氏が、「ロックで踊る」をテーマに自らがロックDJとなって立ち上げたイベント。ラストディケードの終わりに登場したパンク／ニュー・ウェーブの波が世界中にうねっていく時、まさにエポックメーキングな形でそれは始まった。

とはいえ、このイベントはコアなパンクファンのパーティではなかった。DJは大貫氏一人ではなく、数人でのコラボレーション。そこでは、スカ、アシッドジャズ、R&B、レゲエなどなど様々なスタイルを内包した音楽が繰り広げられた。

すると、これに呼応するかのようにダンスフロアでは、この年イングリッシュ・ヴォーグのアートディレクターだったテリー・ジョーンズが創刊しセンセーションを巻き起こしたストリートカルチャーマガジン「i-D」の紙面そのものを思わせるスタイルの競演が催された。

ご贔屓の曲に導かれ、テッズがゴスがパンクスが、ジェンツがロッカーズがピンプスが、入れ替わり立ち替わりフロアを揺らした。

その中で、僕はといえばネオモッズに心酔していった。3つボタン、サイドベンツの細身のスーツに、細身のネクタイ。フロアでよくスリップしてくれるノーザンプトンメイドのレザーソールシューズ。ヒーローであるポール・ウェラーばりに極め

込んだモッズたちに混じって、ジャムやフーやキンクスやランナーズを踊った。

この頃、僕は東銀座の某出版社で刊行していたユースカルチャー情報誌でファッションライター兼スタイリストとして働いていた。この隔週刊誌は当時、アイビー＆プレッピーを前面に押し立て、アメリカントラッドの強力なブームを巻き起こしていて、僕は辣腕ファッションディレクターの指導の元、男の服装術の基本を叩き込まれていた。このことは今となって僕の骨格となり、仕事の支えとなっていて、かの師匠に対しては感謝の念に絶えない。

しかしその一方で、レッドゼップやグランドファンクのロックに心奪われその影響でファッションに興味を持つようになった僕にとって、あくまでお行儀よくルールを逸脱せず何よりグルーブを感じないアイビー＆プレッピーには何か物足りなさを感じてもいた。

「ロンドンナイト」始動の前年、１９７９年にに公開された映画『さらば青春の光』はキッズの苦悩をテーマに労働者階級の少年の青春を描いた作品だが、僕がこの映画に惹かれたのは、それがモッズという個性的でファッショナブルな集団のライフスタイルを詳説している事の方が大きかった。

この映画を通して、僕は60年代のオリジナルモッズが普遍的な美意識を作り上げようとする姿勢を垣間見て、そこにビートのあるスタイルを感じ取りショックを受ける。またその一方で、当時、自分が関わる雑誌で強力に推薦し、自身も愛用するファッションアイテムのいくつかがモッズのフェイバリットである事を知り親近感をも抱く事になる。主人公が新品のリーバイス５０１をはいてバスに浸かるシーンなどはその極みだった。

こうした中で、僕はモッズ的なアプローチを、自分がファッションを思案する時の重要なファクターとして意識するようになっていったのだ。その結果、現在では特段意識する事は無くてもその感覚があらゆる場面で活用されているように思う。

例えば、現在スーツのスタンダードとなっている細身のスーツ。これを僕的に思案してみよう。まずその細身のシルエットは、モッズが愛用したスーツのシルエットを想起できるほどに似通っていて、モッズ的なスタイルを取り入れるには正にあつらえむき。

そこでダークスーツに、イングリッシュワイドスプレッドカラーのホワイトシャツを合わせ、ダークな無地の細身のネクタイをプレーンノットで結び、結び目の辺りでカラーバーを留めシンプルかつ繊細に演出されたVゾーンを作り上げる。細身スーツのクールでちょっぴりダンサブルな着こなしの完成だ。

手持ちのスーツをさらにスマートに着こなしたい。僕なら迷わずモッズスタイルをヒントに装う次第なのである。

独断と（相当の）偏見で断言。こんなスーツ姿は気をつけろっ!!

●文＝ゴトーアキオ

人は外見で（もちろん容姿ではなく、服装のことね）その人となりを判断される。そして、それは男性の場合、古今東西、出世・大成を左右することになりかねない。いろいろあっても、これは「真理」である。というか、初対面の場合、はっきり言って外見以外の手がかりはない。「人間は中味」というのは、「相当に徳を積んだ偉い人」の「自分以外の他者」へ向けた「博愛のコンセプト」なので、勘違いをしないように注意されたい。

　では、「人は外見」というわかりやすい例を紹介しよう。

　今から四半世紀前、大学4年の男子学生がリクルート用のスーツを買いました。彼は頭が悪かったので、社会人にならんとしているのに、コム・デ・ギャルソンのスーツを選んでしまいました。それもよりによって、ギャルソンらしい、ブラックのウォッシュド・ウール素材のピンストライプ柄のものでした。

　当然、「社会」は彼を拒否し、受験した会社からは、ことごとく「不採用通知」をもらいました。そして、就職できませんでした。

　このバカ学生が私である。当時は、「なんで、俺は落ちまくるのだ?」と原因がさっぱりわからなかったのだが、各社の人事担当者の皆さんは賢明なる判断をされたと、今では思っている。会社に入り、組織人、社会人として、求められるべきは、先見性や協調性である。「会社に入れてくれ」と来ているにも関わらず、相手に気に入られようとする態度も見せず、チャラいスーツを着て、生意気なことばかり言うバカ学生など、相手にされるわけがない。どーゆーつもりで、そんな格好で来やがったのか、と僕の就職活動に対する心構えと人間性を服装から判断されたわけだ。もちろん、それ以前の問題として脳ミソの出来で却下されたのだけれどもね。

　と、まあ、世の中、大抵はこんな調子である。なので、社会人たる者、取引先や会社の上司から気に入られなければ、立身出世も覚束ぬ。そこで、先の恥ずかしい経験も踏まえつつ、服飾専門家でもなく色彩学者でもない俺が、「スーツ斯くあるべし」という分類とアドバイスをしてみたい。といってもスーツの「ぱっと見」は「Vゾーンのコーディネート」で決まってしまうので、ここはひとつ、ざっくりと色・柄・素材・形状みたいな観点で考察する。

その1／無地ネイビー

　スーツの地色として、これほど無難な色はないであろう。学生から年配者まで「ネイビーさえ選んどけばOK」という年齢をも問わない色である。定職と普通の家庭を持ち、大過なき人生を過ごしたいと心から願っているのならば、一生ネイビーを着続けたほうがいいと思う。そして、そんな生活を選ぶ人は、本当はとても幸福な「はず」だ。「普通」というのは何にも負けない力強さがあるのだよ。

その2／無地チャコール

　ネイビー同様、マルチカラーの定番。その上、ネイビーよりVゾーンの作り方ひとつで、お洒落さんにもなれる。この色を着たい人は「ネイビーな幸福プラスα」を求めているのかも知れないが、過剰な自意識はリスキーだということも肝に銘じていたほうがいい。

その3／無地グレー

　これぞ日本男児のカラー。戦後の高度経済成長を支え、日本をGDP世界第2位にまで押し上げたお父さんたちが、欧米列強に「ドブネズミ」と揶揄されながらも、決して脱ぐことのなかった「背広」の代表色である。しかし、21世紀になって久しい現在、お父さんたちのような着こなしをする若者も全滅してしまった。でも忘れないでほしい。「ドブネズミは美しい」とブルーハーツが歌っていたことを。この色を着こなせるようになって初めて一人前の男と呼ばれるのである。

その4／無地ブラウン

　ブラウンと一口に言っても、ダークもあれば、ライトもある。僕は、黄色人種には似合わない色だと思うのだが、どうだろう?更にマルチカラーのわりに、靴から小物まで、トータルの「完成度」を求められるし、中途半端に着ると、何故か「無能感」が漂ってしまう。少なくとも若造が着こなせる色ではないな。そこを押してでもブラウン派を気取るなら、「自信満々野郎」と思われても止むを得ん、と思う。

その5／無地ブラック

ブラックは全然マルチカラーではない。Vゾーン次第で、ご祝儀帰りにも見えるし、「その筋」の人にも見える危険な色だ。従って、ブラックを着るということは「たかが洋服一丁に様々なリスクを背負う覚悟」を決めるということである、と思う。TPOによっては「社会不適合者」の烙印を押されても仕様がない。「精神的チンピラ度」高し。ちなみに、僕は四半世紀前の失態を活かせず、今でもブラックスーツしか着ない。苦笑。

その6／ストライプ

地色にもよるが、間違った太さを選んでしまうと、インチキ臭い政治家になってしまうよ。ネイビーのストライプでもかなり主張が強く出るからね。会社でも名前で呼んでもらえず、「ストライプの人」と言われてしまう恐れあり。ただし、これを上手に着こなせたら、好感度アップは間違いない、かもよ。

その7／ウインドウ・ペーン

柄ものとしては、一番お洒落度と好感度が高いと思う。さし色のバリエーションも豊富だしね。嫌味にならないVゾーンをコーディネートできれば、「ヤル男」満載になる可能性のある柄だ。

その8／ツイード

「日本初の英国紳士」、白洲次郎の名言に「ツイードは、3年ぐらい軒下に吊り下げて、くたびれた頃合に着ろ」というのがある。まあ、白洲氏のような人が言っているわけだから、その通りだと思う。こうした「風合を練り上げる素材」のスーツはやはり年齢と経験を重ねた、それなりの人物が着るものであり、若い会社員が着こなすには少々無理があるかもしれん。偉い人には全部お見通しなので、歳いった時の楽しみにとっておこう。

その9／スリーピース

本来、パリッとしたいい男のスタイルではあるが、若いビジネスマンが着ると七五三のようになってしまいがちである。大体、今どき、レディメイドでかっちょいいスリーピースを探すのは難しい。昔は「三つ揃い」なんつって、大人の証だったのに、全般的に服装が簡易になってきているからか、ありがたがられなくなってしまったなあ。ソフト被って三つ揃いなんて格好してたら、相当変わり者だと思われる。

その10／パープルのWブレスト

話にならん。誰にも相手にしてもらえん。譬え「若くして死んでしまった父ちゃんの形見」だとしても、だ。

かなり雑ではあるが、スーツが持つ「人に与える印象」を機軸に、勝手な考察をしてみた。いかがだろう。最近はクール・ビズでノーネクタイ、ノージャケットでOKという会社も多いと聞く。衿が付いていればポロシャツでもいいらしい。エコは結構だが、どうかと思う。ポロシャツでもOKということは、せいぜいその程度の仕事であるともいえるのではないだろうか？カジュアルウェアで、政治や経済が動くような世の中は、カジュアル過ぎて、ちょっと嫌だ。

スーツは己と社会を繋ぐツールである。だからこそ、上手に利用すれば強力な「武器」にもなり得るのである。第一、シャツやネクタイ、靴なんかを選んだりすることは、とても楽しいことじゃん、ねえ。
あ、ところで僕はと言えば、日々、Tシャツとジーンズで仕事している。これでは出世もままならんわけだ。苦笑。おあとが宜しき様で。

昨今の「スーツ通」への第一歩は、行きつけのテーラーを持つことから

●文＝佐広 朗

いつもスーツをお洒落に着こなしている「TUBE」のデザイナーの斎藤久夫さんとお話する機会があった時に、斎藤さんが「スーツは仕事着として着るものなのか、趣味で着るものなのか、それによって違ってくる」みたいなことをおっしゃっていた。

例えば、スーツをたまにしか着ない仕事をしてる人ならば、流行のスーツを着たり、高価なブランドもののスーツを着たり、ビスポークスーツを仕立てたり、スーツで遊んでも許される。でももし自分が毎日スーツを着て仕事をするビジネスマンなら、そんな馬鹿げたことはしない。そこそこの値段でも買える趣味のよいグレイやネイビーのスーツを何着か揃えて、普段着としてきちんと着こなすだろう。

ナルホドなぁ～と思ったものである。ちなみにこの時の斎藤さんはグレンチェックのスリーピースで、パンツだけをそこから1色拾った無地に変えていた。う～む、これぞまさにスーツを上手に遊んで着ているお洒落の良いお手本である。

よく20代やそこいらで、大枚はたいてビスポークで仕立てた凝りに凝ったスーツを着てるスーツオタクを見かけるけど、困ったことにそういうのに限って似合っていたためしがない。ありゃスーツで遊ぶというより、はたから見たら腹話術の人形みたいである。なんかのアニメキャラのコスプレでもしてるのか？と思っちゃうね。

そういうビスポークスーツオタクが増え出したのは、5～6年ぐらい前にクラシコイタリアブームから派生して起こった、いわゆるサルトブームからだ。

それ以前はテーラーというと、スーツを作らせたら『太陽に吠えろ！』のボスが着てるような背広を作っちゃいそうな親父がやってる、町の古臭いテーラーのイメージしかなかった。

そこに突如、ザビルロウ仕立てとかナポリスタイルとかいって、本場のイタリアや、銀座の「壱番館」や「英国屋」で修行を積んだ若いサルト職人が登場して、お洒落なテーラーサロンが銀座や代官山なんかに続々とオープンしだしたのだ。

そういや、セレクトショップのスーツ売り場にナポリのサルト職人みたいにスーツ姿で首からメジャーをぶら下げたロン毛や坊主頭のスタッフが増え出したのも、ちょうどこの頃だ。

オーダースーツには、フルオーダー、イージーオーダー、パターンオーダーがある。フルオーダーは、サイズを測って型紙から起こして、何から何まで全ての工程をハンドメイドで仕立てる、いわゆるこれがビスポークスーツというやつだ。イージーオーダーってのは、ベースとなる型紙が既にあって、これを基にデザインや体型の修正をしながらスーツを仕立てること。パターンオーダーってのは、既に決まっているスーツの型から好みのデザインを選んで、採寸をしてから、細部を調整してスーツを仕立てることである。

まぁテーラーサロンといっても、大抵がパターンオーダーですからね。値段も敷居も高くな

いからビビらなくても大丈夫。むしろ何から何までフルオーダーのビスポークよりオタクっぽくなくて、若い人やスーツオーダー童貞にはちょうどいい。

実際、最近は「麻布テーラー」のような気軽にパターンオーダーでスーツが作れるオーダーサロンは、いまや若いビジネスマンに大人気なんだそうだ。

そうはいっても、ある程度のマナーぐらいは知っておいていただきたい。よくいるのが、休日にアバクロとか着て穴あきジーンズを腰履きではいて、クツもコンバースとかで来たりするやつね。近所のユニクロに買い物に来てるんじゃないんだから。

フントニモー、スーツをオーダーに行く時には、せめてジャケパンにレザーシューズぐらい履いて来てくれたまえ。

それと、オーダースーツ童貞が最初に固まってしまうのが、バンチという生地見本を見せられた時だ。もうアータね、ものすごい種類ありますから。

正直いって、あんな小さな生地のハギレだけを見せられて「どれになさいますか?」と聞かれても、選べるわきゃない。

そういう時はお店の人にカラダを任せて、素直にお薦めの柄や素材を選んでもらって、気持ちよく童貞をやぶりましょう。

まぁ、今どきのスーツは、生地はイタリア製で柄は英国調、シルエットは細身というのが主流ですから、最初はそのへんを伝えてグレイやネイビーのスーツにすれば、まず間違いはない。

そうやって何回か同じお店に通ってスーツを何着も作れば、「今シーズンはシアサッカーの生地で、ズボン丈は短めにトムブラウンっぽくして」なぁんて言えるようになれますよ。

男性諸君、とくと拝聴せよっ!! スーツにまつわる女性の「本音」

●文＝阿部彩子

「男性のグッとくる仕草は何ですか?」こんなアンケート、よく目にしませんか? 車をバックさせる時やネクタイをゆるめる時の仕草が上位なことが多いですが、あなたはもうお気付きのはず。ステキな人がする場合……という前提があることを。でも、ステキとは単に顔がキレイということではありません。例えば服。男性が女性の服をチェックするように(してるでしょ?)、女性も服を、つまりいつものスーツをチェックして、あなたがステキか否か判断しているんです。

まず、袖や衿が汚れているのはもってのほかなのでご注意を。それから、肩や胸元など、サイズが調度いいスーツを着た男性は自然と体格が良く頼もしく見えるものです。これぞ、型がしっかりできているスーツの魔力! ショップスタッフにじっくり相談して、自分のサイズを見つけてください。

さらにそこから、「この人オシャレ!」に一歩進むには、ぜひスーツの素材や色に凝ってみて。というのは、私は冬のある日、カフェで某男性芸能人を見かけて、ジャケットから目が離せなくなったことがあるんです(彼を特に好きではなかったのに)。黒無地で、デザインも特別凝ってはいないのですが、遠目でも生地の高級感がわかるほどドレープの陰影が美しく、しっとりとした気品があってステキだったんです。以来、本当にオシャレな方として印象が良くなりました。

値段の問題ではなく、シンプルに見えて実は気を配っていることがステキなんです。だから特に高級じゃなくてもOK。例えばスーツで季節を感じさせるなんてオシャレですね。夏は涼やかな綿麻混に、冬は厚手のフラノにす

るとか、春は爽やかな光沢感を、秋は温かな表面感を楽しむとか。衿の形やボタンの数より素材や色にこだわった方が、女性には絶対オシャレに見えます。何しろ女性が服の素材や色柄で季節を楽しんでいるから、そういうオシャレには敏感なんですよ。

知ってるつもり!? スーツの歴史。服は世につれ、世は服につれ……

●文＝ゴトーアキオ

日本語の「背広」がロンドンのテーラー街サヴィル・ロウの当て字だということは（諸説あり）広く知られるところだが、スーツのオリジンとなると明るい人は意外と少ないのではないだろうか。

スーツはラウンジ・スーツの略語で、アメリカに渡った後、サック・スーツと呼ばれるようになった。

イギリスでラウンジ・スーツが生まれたのは、ビクトリア朝の半ば。社交の場であった「ラウンジ」でアッパークラスの男性が着用していたスワロウテイル（燕尾服）を簡略化したものである。

19世紀末頃からアメリカのビジネスマンたちが好んで着るようになり、爆発的に世界に広まった。ブルックス・ブラザーズがリンカーンの御用達ブランドだったことはあまりにも有名である。

日本に入ってきたのは明治維新と同時期。その後、イギリス、アメリカ、日本でもいろいろあって（ものすごい省略）、第二次世界大戦後、アメリカにアイビー・ルックが出現、50年代から60年代にかけて、日本でも大ブームになった。同時にアメリカのジャズやR&Bのミュージシャンらが着ていたスーツも人気を呼び、「コンポラ・スーツ」なる和製英語もできた。

アイビーのカリスマはVANジャケット、コンポラの雄はJUNだった。70年代に入ると遅れてきたヒッピー・ムーブメントにより、若者のスーツスタイルは廃れ、だらしない格好が日本中で蔓延する。

スーツスタイルが復活したのは70年代半ば、ラルフ・ローレンの登場以降。後半にはプレッピースタイルが人気を呼ぶ。80年代になり、DCブランドが脚光を浴び、ブラックを筆頭にダークスーツが流行した。

その後、バブル突入と同時にヨーロッパのブランドが台頭し始める。主に不動産、金融関係、商社勤務の若いビジネスマンの間で、頭がおかしくなりそうな色や柄のダブル・ブレストスーツが珍重されるようになった。

しかし、90年代、バブルは瞬く間に崩壊。徐々に、ブリティッシュ・トラッドに原点回帰していく。その一方で、若いビジネスマンをターゲットにした、激安紳士服が耳目を集め始めた。

21世紀になり、経済が若干上向きになると、再びヨーロッパのブランド・スーツが人気になる。同時にセレクト・ショップが様々なブランドとコラボレーションを展開し出し、ドメスティックスーツがクールだともてはやされる。

そして現在、ブルックスやラルフ・ローレンなどのアメリカントラッドが元気を取り戻し続々と新作を発表。米、英、日、欧、が入り乱れている状態である。

と、相当はしょって、スーツの歴史と流行を紹介してみた。「服は世につれ、世は服につれ」今後、スーツはどのように進化していくのだろうか。通説で、「女性のファッションは世相を映す」というが、男性も、お洒落になれば、世の中が精神的に豊かになるだろう。是非スーツを着ることが楽しい時代になることを祈りたい。

Chapter. 07

Glossary

これさえあれば スーツ検定1級!? スーツ用語の 虎の巻

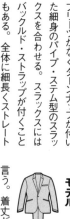

【ア行】

▼アーム・サイ

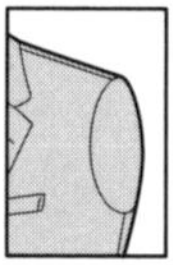

アーム・ホールの古い呼称。サイス（草刈り鎌）に形が似ていることからこう呼ばれるようになった。

▼アーム・ホール

袖ぐりとも言う。身頃にある袖付けのために開けられた穴、またはその寸法のこと。大きさや形によって着た時のシルエットやフィット感が変化する。

▼アイビー・リーグ・モデル

スーツの流行型。ピュア・アイビーとも言う。幅の狭いナチュラル・ショルダー、ウエストにしぼりのないボクシーなシルエット、細めのノッチド・ラペル、ウェルト・シーム、水平に付いた角形のフラップ・ポケット、センター・フック・ベント、ボタンの間隔が広いシングル3つボタン（上2つ掛け）のジャケットに、前プリーツがなくターンナップが付いた細身のパイプ・ステム型のスラックスを合わせる。スラックスにはバックルド・ストラップが付くこともある。全体に細長くストレートなシルエットが特徴。アメリカ東部のアイビー・リーグと呼ばれるフットボール・リーグを構成する有名私立8大学の学生が好んだスタイルで、1955年にIACD（国際衣服デザイナー協会）が流行スタイルとして発表したことをきっかけにアメリカで流行。日本での流行は1960年頃で、アイビー・ファッションの若者は「アイビー族」と呼ばれた。1963年にIACDが発表した「4つの流行型」のひとつ。

▼アシメトリー

「不均衡」「不釣合」の意。ワンサイド、またはオフバランスとも言う。左右対称ではないデザインのこと。例えばボタン留めを脇に付けたシャツなどに用いる。対義語はシンメトリー。

▼アメリカン・コンチネンタル・モデル

スーツの流行型。トランス・アメリカンとも言う。着丈が短く前カットが大きな、シングル2つボタンのジャケットに、細身のスラックスを合わせる。ジャケットのボタン位置は高め。1958年頃から流行し、日本での流行は1960年代初頭。当時来日していたジャズメンが好んだスタイルだった。1963年にIACD（国際衣服デザイナー協会）が発表した「4つの流行型」のひとつ。ここから派生したスタイルがコンテンポラリー・モデルである。

▼アメリカン・ブリティッシュ・モデル

スーツの流行型。ブリティッシュ・アメリカン・モデルとも言う。トラディショナル・モデルを英国調にアレンジしたスタイル。基本パターンを定義することは難しいが、一般的にフロント・ダーツが入り、ややしぼったウエストが特徴。

▼アメリカン・ベスト

ビジネス・ウェア用ベストの型。ボタン位置が高いため衿開きが小さい、小型衿付きのシングル7つボタン。素材はカシミア、アンゴラ、ファンシー・ウーステッドなどが使われ、ポケットは胸に1個、両脇に1個ずつ、左胸内側に1個付く。1860年代に流行。

▼アメリカン・ポケット

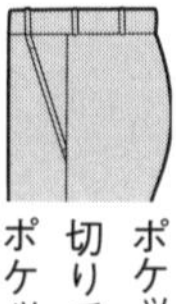

ポケットの一種。斜め切りで角度をつけたポケットの総称。オブリーク・ポケット、スラント・ポケット、ハッキング・ポケットもこの一種。

▼アンコンストラクテッド・ジャケット

裏地、肩パッド、衿芯、袖裏など構造上の付属物を一切使わず、ソフトに仕立てられたジャケットの総称。「簡易仕立て服」や「無構造服」などと訳され、アンストラクチャード・ジャケット、アンラインド・イージー・ジャケット、またはイージー・ジャケットとも言う。シルエットは一般的にゆったりとした寸胴型。一見普通のジャケットと変わりないが、着心地は軽くしなやかで動きやすい。裏地がないので風通しが良く、夏のクールビズにも適している。アンコン・ジャケットと略されることもある。

▼**アンバサダー・モデル**

袖山が盛り上がったコンケーブ・ショルダーとスモール・ノッチド・ラペルが特徴で、シルエットは全体にゆったりとしている。1958年にIACD（国際衣服デザイナー協会）が流行スタイルとして発表した。

▼**アンマッチド・スーツ**

ジャケット、スラックス、ベストなどが、共生地、共色柄で作られていないスーツのこと。ミックスド・アンサンブルとも言う。

▼**イタリアン・コンチネンタル**

スーツの流行型。細い衿、大きなカッタウェイ、幅広のスクエア・ショルダー、浅いサイド・ベンツ、ファンシー・ポケット、カフス付きの袖などが特徴の、着丈が短くタイト・フィットのジャケットに、裾に折り返しのない、先細りしたベルトレス・スラックスを合わせる。全体にタイトなシルエットのデザイン。ボタンの間隔が狭い3つボタンが主流だが、2つボタンや1つボタンも見られる。生地はシルク、シャンタン、デュピオニ、シャークスキンといった、光沢のある薄手の素材が多い。1950年代中期のローマに端を発する、ブリオーニやリトリコといった名だたる職人的デザイナーが提案した、当時としては斬新なスタイル。1963年にIACD（国際衣服デザイナー協会）が発表した「4つの流行型」のひとつ。

▼**I型**

ナンバー・ワン・サック・スーツ参照。

▼**糸番手**

糸の太さを示す単位。糸の種類によって異なる。重さを基準にして、糸の長さが長くなるほど、つまり糸が細くなるほど番手数が上がる恒重式と、一定の長さに対して糸の重量が増えると番手数が上がる恒長式がある。恒長式の単位はデニール。デニールでは、糸の太さに比例して数値が上がる。なお、ISO（国際標準化機構）によって世界共通の統一番手として、テックスが制定されている。テックスでは、糸が細くなるほど数値が上がる。

▼**イヤーラウンド・スーツ**

シーズンを問わず、年間を通して着られるスーツのこと。

▼**イングリッシュ・ドレープ**

スーツの流行型。イングリッシュ・ブレードとも言う。胸部や背中にゆるやかな襞《ひだ》（ドレープ）ができるように生地にゆとりを持たせた、優美な印象を与えるスタイル。広い肩幅、胸部から胴にかけてのゆったりとしたシルエット、幅広の衿や大きく取った袖山が特徴のジャケットに、全体にゆったりした股上の深いスラックス、丈の短いベストを合わせるのが特徴。近衛将校の制服の胸のドレープが男らしい印象を与えていることをヒントに、ロンドンの仕立屋が考案したスタイルで、1930年から40年代にかけて流行した。20世紀の男性服のシルエットの中でも、最も重要、かつ影響力の大きかったもののひとつと言える。

▼**インシーム**

スラックスの股から裾までの長さのこと。

▼**ウーステッド**

梳毛織物とも言う。長く梳いたウール繊維を使った織物の総称。表面のケバを取ったサージ、ベネシャン、縮絨起毛したミルド・ウーステッドなどがある。やや光沢があり、丈夫な素材が多い。薄く、軽く、しなやかでスーツ地に向く。

▼ウーレン

紡毛織物とも言う。短いウール繊維を紡いだ糸を使った織物の総称。短い繊維を調合して糸にするので表情が多彩。フランネル、メルトン、ツイードなどがある。縮絨や起毛仕上げをした地厚な素材が多い。

▼ウエストコート

ベスト参照。

▼ウエストバンド

スラックスのウエスト部分に付けられた帯部分。日本ではウエスマン、腰帯とも言う。

▼ウェルト・シーム

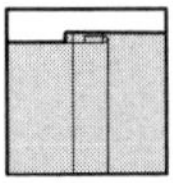

ステッチの一種。ステッチ部分が浮き上がって見えるのでライズド・エッジ、または伏縫いとも言う。幅約7ミリのシングル・ステッチで、アイビー・リーグ・モデルでは衿やポケット、肩など、ほぼすべての縫い目に施される。

▼ウェルト・ポケット

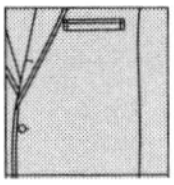

切りポケットの一種。箱ポケットとも言う。ポケット口に飾り口布がついた帯状のポケット。主にジャケットの胸ポケットなどに見られる。

▼ウォッシャブル・スーツ

家庭用洗濯機で丸洗いができ、しかもシワになりにくい、ポリエステル加工などが施された素材で仕立てられたスーツ。主に夏用のスーツとして需要が高い。

▼ウォッチ・ポケット

フォブ・ポケット、時計隠しとも言う。スラックスの右前部に付いた小さなポケット。懐中時計を入れていたことからこう呼ぶ。

▼上前

ジャケットの前身頃の打ち合わせを重ねた時、上になる部分。ボタン・ホールが付いている側のこと。上前立てとも言う。一般に紳士服は左が上前。対語は下前。

▼エー・ビー・ウェア

リバーシブルとも言う。A面もB面も着用できる服のこと。

▼エクストリーム・アイビー

スーツの流行型。1955年から60年にかけて、ニューヨークのグリニッジ・ビレッジに集まるビートニクや黒人の間で流行した、アイビー・スーツのパロディースタイル。グリニッジ・アイビーとも言う。シングル4つボタンでVゾーンを狭くしたジャケットに、折り返しのない細身のスラックスを合わせる。ジャケットの上衿にビロード地を掛けたものや、袖口にカフスを付けたもの、脇ポケットの上にチェンジ・ポケットを付けたものも見られる。

▼エクストリーム・トラディショナル

トラディショナル・モデルを誇張したスタイル。ナチュラル・ショルダーの伝統服を誇張したもので、エクストリーム・アイビーとは全くの別物。

▼エス・ビー

シングル・ブレステッド（Single-breasted）の略。

▼エル・シェープ・ラペル

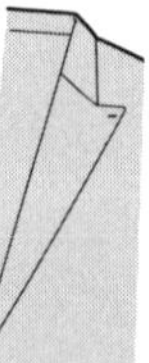

ジャケットの衿型。上衿の角がなく、上衿から下衿へのラインがL字型になっているもののことを言う。

▼オール・イン・ライン

ダブルのジャケットのボタン配列の一種。正配列とも言う。左右2列のボタンが平行に並んでいるもの。

▼オッド・ベスト

替えベスト、変わりベストのこと。ファンシー・ベスト、またはスポーツ・ベストとも言う。スーツとは異なる生地で作られ、一般にスポーティーなものが多いが、赤や黄などの色無地、タッターソールやタータン、プリント柄などの柄もの、紋織絹やスエードなど、その仕様は多様である。

【カ行】

▼カーディガン・スーツ
カーディガンのように衿のないジャケットに、共地のスラックスを合わせたスーツ。

▼片玉縁ポケット
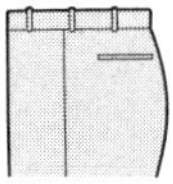
シングル・ビザム・ポケット、シングル・パイプド・ポケットとも言う。切り口を片側だけ細く縁取りしたポケット。スーツのヒップポケットなどに見られる。

▼カッタウェイ
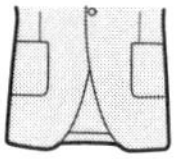
腰のあたりから前に向かって、斜めに丸く裁った上着の前裾のこと。または、カッタウェイ・コートの略。モーニング・コートのアメリカでの俗称。

▼カッティング
「裁断」「裁ち方」の意。

▼かぶら
ターンナップ参照。

▼かま衿
首周りに沿ってカーブを大きく取った衿の総称。草刈り鎌のような形に見えることからこう呼ぶ。

▼カラー
「衿」の意。スーツの場合は上衿のこと。対して、下衿はラペル。

▼カラー・クロス
スーツの衿裏に使用されるフラノなどの布地のこと。

▼カラード・ベスト
衿付きベストの総称。ノッチ、ショール、ピーク、アングルド・ショール、ダイヤモンド・ショールなどの衿型がある。対して、衿なしベストはカラーレス・ベスト、またはノーカラー・ベスト。

▼仮縫い
衣服を仕立てる上での一工程で、本縫いの前にしつけ糸で仮に縫いまとめること。仮縫いしたものを試着し、体型に合わないところやデザイン上の問題点を修正する。この修正作業はベースティング、またはフィッティングとも言う。

▼カントリー・スーツ
ツイードなど、カントリー風な生地で仕立てられたカジュアル・スーツのこと。

▼ギャバジン
ギャバとも言う。織目が緻密で丈夫な綾織物。ウールやコットンが使われる。表側に斜めの織り目が浮き出て見えるのが特徴。

▼クラシック・モデル
スーツの流行型。ナチュラル・ルックとも言う。動きやすくビジネス・スーツに適していたことから、1960年代前半に日本で最も一般化したスタイル。

▼クリース
折り目のこと。

▼クリアカット
織物の表面に出るケバを、刈ったり、焼いたりして取り除き、表面を滑らかにする仕上げ加工。マット・ウーステッド、サージなどに用いられる。

▼クレリカル・ベスト
僧侶が着る黒無地でスタンド・カラーのベスト。または、これを模したスタンド・カラーのシングル・ベスト。

▼グレン・チェック
チェック柄の一種。2種類の比較的小さなチェック柄を組み合わせて描き出す、大きなチェック柄の

こと。グレンプレイドとも言う。

▼クロウズ・フット

ステッチの一種。松葉留めとも言う。三角形の補強用ステッチで、形がカラスの足跡に似ていることからこう呼ぶ。また、このステッチに似た小紋柄を指すこともあり、松葉小紋とも言う。

▼クローバー・リーフ・ラペル

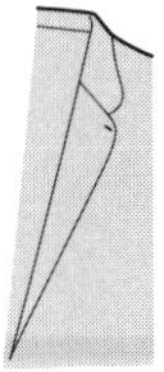

ジャケットの衿型。花弁衿とも言う。上衿、下衿とも角を丸くしたノッチド・ラペル。下衿だけを丸くしたものは、セミ・クローバーと言う。

▼ゴージ・ライン

衿縫い線とも言う。スーツの上衿と下衿の間の縫い目のこと。

▼コーディネート

コーディネーテッド・スーツの略語。セパレーツの一種。共地で作られていないジャケットとスラックスを、スタイル、色柄、素材など何らかの関連性を持たせてバランスをはかり合わせているスーツ。

▼コーデュロイ

ケバが縦方向に畝になったコットン・ベルベットのこと。コール天とも言う。

▼コードレーン

縦方向に細い畝が入った織物。夏用のスーツ地に多用される。

▼コンストラクション

仕立て、テーラーリングを含んだ服全体の作りを指す語。

▼コンチネンタル・ルック

ヨーロッパ調のスーツの型の総称。コンチネンタルは「ヨーロッパ大陸」の意。丈が短く、ウエストにしぼりが入り、サイド・ベンツが付いたジャケットに、先細りで折り返しがないスラックスを合わせるのが一般的。ドレッシーな雰囲気を醸し出す。

▼コンテンポラリー・モデル

スーツの流行型。日本では俗にコンポラとも言う。アメリカン・コンチネンタル・モデルにアレンジを加え、1960年代初期から中期にかけて流行。西海岸スタイルの典型モデルで、流行当時は東海岸のトラッド・モデルに対抗するスタイルとして注目された。シングル1つボタン、またはロー・ツーで、前ダーツはなく、短い着丈と浅いサイド・ベンツが特徴。エル・シェープ、ティー・シェープ、クローバー・リーフ、セミ・クローバー、セミ・ピークなどの変わり衿をはじめ、ポケットや裏地などディテールのデザインが凝っていて、それも魅力のひとつだった。スラックスは大半がベルトレスの先細りしたタイプで、折り返しのないやや短めのストレートを合わせるというルールがあった。1963年にIACD（国際衣服デザイナー協会）が発表した「4つの流行型」のひとつ。

【サ行】

▼サージ

ウーステッドの一種。クリア加工を施してある。斜めの織目がはっきり出るのが特徴。スーツや制服に多用される。

▼サイド・シーム

脇縫い線のこと。

▼サイド・ベンツ

ベントが両脇に入ったもの。

▼サイド・ポケット

脇ポケットとも言う。衣服の腰の脇寄りにつけるポケットのこと。

▼サキソニー

ウーステッドの一種。メリノ・ウールで織り、縮絨加工を施してある。柔らかな手触りが特徴。

▼サック・スーツ

背広を指す米語のこと。特

に19世紀半ばから20世紀初めにかけてこう呼ばれていた。「袋型」「箱型」「寸胴型」のスーツの意。イギリスではラウンジ・スーツと呼ばれる。

▼サニングデール・スーツ
背中にプリーツを寄せバックベルトを付けて、背部にアクセントを付けたジャケットに、共地のスラックスを合わせたスーツ。サニングデール・ジャケットは、ピンチバック・ジャケット、ファンシーバック・ジャケット、またはバイスイング・ジャケットとも言う。スーツスタイルのベースがほぼ完成した1930年代に流行した。

▼サファリ・スーツ

サファリとはもともとスワヒリ語で「小旅行」の意であり、転じてアフリカでの動物狩りを指すようになった。そうした狩猟時に着るような、シャツ・カラー、シャツ・カフスで、肩章や共地のベルト、プリーツ入りのパッチ・アンド・フラップ・ポケットが付いたジャケットに、共地のスラックスを合わせたスーツ。

▼シーム
「縫い目」の意。

▼シアサッカー
日本ではサッカーとも言う。表面に縞状の細かい凹凸がある綿、または合成繊維の織物で、薄手でさらっとした肌触りが特徴。

▼下前

ジャケットの前身頃の打ち合わせを重ねた時、下になる部分。ボタンが付いている側のこと。下前立てとも言う。一般に紳士服は右が下前。対語は上前。

▼シックン・シン・ポケット
シック・アンド・シン・ポケット、親子玉縁ポケットとも言う。
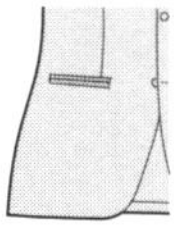
両玉縁ポケットの変形で、玉縁の幅が片側は広く、もう片側は狭いポケットのこと。

▼シャークスキン
ウーステッドの一種。色糸と白糸、または濃色と淡色の糸を交互に配列して綾織りし、クリア仕上げを施してある。表面がジグザグ状で鮫の皮に似ていることからこう呼ぶ。スーツやスプリング・コートなどに用いられる。

▼ジャイビー・アイビー

エクストリーム・アイビーの流れを組むパロディー・アイビーの一種。ジャイビーとはジャズ用語の「ジャイブ」から来たもので、俗に「いかれアイビー」「茶化しアイビー」と訳される。1958年から61年にかけて、アフロ・アメリカンのジャズメンの間で流行した。

▼ジャズ・スーツ

スーツの流行型。胸から腰にかけてはタイトで、腰から裾にかけては極端にフレアーを持たせた、丈の長いナチュラル・ショルダーのジャケットに、丈が短く細身のスラックスを合わせる。1919年から23年頃のファッド・ファッションの典型。

▼シャツ・ショルダー
ショルダー・ラインの型。シャツ仕立ての肩。パッドレス・ショルダーとも言う。アンコンストラクテッド・ジャケットなどに用いられる。

▼縮絨加工
織り上がった布を、湿らせた状態でもんだり叩いたりして縮ませ組織を密にし、表面のケバを絡み合わせて織目を目立たないようにフェルト化させる仕上げ加工。縦横に収縮して地厚になる。メルトン、フランネルなどに用いられる。

▼ショルダー・ライン
「肩線」の意。ショルダーとも言う。

▼ジレ

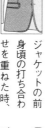

ベストのフランス語。

▼シングル・ブレステッド

ジャケットの前合わせの型。1列ボタンの前合わせのこと。シングル、片前とも言う。ＳＢと略される。

▼ズート・スーツ

スーツの流行型。１９４０年代初期のファッド・ファッション。膝に届くほど極端に丈の長いジャケットに、胸まで届くほど極端に股上の深いスラックスを合わせる。しかもその生地は、ラメ入りやジグザグ縞などの派手なストライプや、変わり織りのウーステッド、色は黒、ブルー、緑、赤茶、紫みの強いグレーなどで、とにかく人目を惹く派手な着こなしが特徴。ジャケットは厚いパッドの入った広い肩とウエストの強いしぼり、肩から袖口にかけて先細りした長めの袖と幅広の衿、変わりポケットやフレアーを持たせた裾など、ディテールにも人目を惹く特徴があり、全体にゆったりとしたシルエット。スラックスも膝あたりまではゆったりとしつつ、そこから極端に先細りしている。アメリカの不良少年に絶大な流行を博してすぐに下火となったが、１９８１年から翌年にかけてロンドンで再び流行し、一時話題を集めた。

▼スカーテッド・ベスト

ウエスト・シームが特徴のベスト。バッズウォース・ベスト、カットスルー・ベストとも言う。

▼スクエア・カット

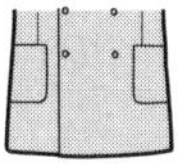

四角く裁った上着の前裾のこと。

▼スクエア・ショルダー

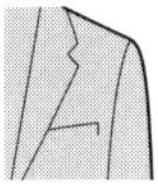

ショルダー・ラインの型。肩先が角張ったラインのこと。

▼スケルトン・バック

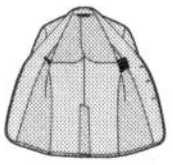

背抜きとも言う。肩のあたりにだけ、または後ろ身頃の肩と前身頃と袖にだけ裏布を付けること。ハーフライニングとも言う。

▼ステッチ

縫い目の総称。単に布を縫い合わせるものから、飾りのため複雑に施すものもある。

▼ストレート・サイド・ポケット

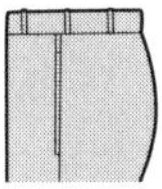

垂直に付いた脇ポケットのこと。

▼スプレッド・アウト

ダブルのジャケットのボタン配列の一種。異配列とも言う。左右2列のボタンがV字型に並んでいるものを指す。6つボタンのものに多用される。

▼スランテッド・ポケット

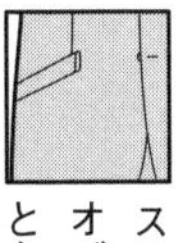

スラント・ポケット、オブリーク・ポケットとも言う。ポケット口が斜めに切り込まれたポケットのこと。

▼スリー・ティー・ルック

スーツの流行型。3つのＴ、すなわちTall（背が高く）、Thin（細く）、Trim（小ぎれいに整った）の頭文字を取ってこう呼ぶ。ミスター・ティー・ルックとも言う。ボールド・ルックに変わって1950年代前半に登場し、アメリカで流行。ボールド・ルックに比べると肩幅もラペルも狭く、全体にすっきりと細いシルエットが特徴。

▼スリーピース・スーツ

ジャケット、ベスト、スラックスが共地で作られた3つ揃いスーツの総称。スリーピーセス、スリーピーサーズ、マッチング・スリーピーサーズ、またはベステッド・スーツとも言う。対して、3点が共地で作られていないものは、アンマッチド・スリーピース、セパレーテッド・スリーピーサーズ、スリー・セパレート・スーツなどと言う。

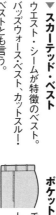

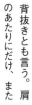

▼**スリーブ**
袖のこと。

▼**スリット・ポケット**
ジャケットなどに切り込みを入れ、内側に袋布のあるポケットで、切り口を玉縁で飾ったもの。

▼**スワッチ**
生地見本。織り、柄、色を見るために使う生地の小片のこと。

▼**セットアップ・スーツ**
ジャケットとスラックスが別売りのスーツを指す和製語。スーツの上下を別のサイズで選ぶことができる。そのため、ジャケットが適切なサイズでもスラックスが合わないなどといったサイズ上、体型上の問題が軽減されることが大きな利点。また、一種のコーディネート・スーツとして、上下を自由に組み合わせることも可能。

▼**セットイン・ポケット**
切り込みポケットの総称。

▼**背抜き**
スケルトン・バック参照。ハーフライニングとも言う。

▼**セパレーツ**
セパレーテッド・スーツの略語。セパレートとも言う。ジャケットとスラックスを別布で仕立てたスーツの総称。

▼**背広**
スーツ一般を指す語。

▼**セミ・ストラクチャード・ジャケット**
アンコンストラクテッド・ジャケットの一種。裏地、肩パッド、袖裏など構造上の付属物の一部を省略したジャケット。

▼**センター・ベント**

ベントが背中の中央に1本だけ入ったもの。

▼**ソーイング**
「縫製」の意。

▼**ソフト・ショルダー・モデル**
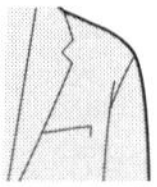
トラディショナル・モデルのスーツの一種。ナチュラル・ショルダーのスーツのこと。トラディショナル・モデルの主流。

▼**ソフト・スーツ**
柔らかな素材を使ってソフトに仕立てたスーツのこと。特にイタリアのデザイナーが得意とする。1980年代から注目されたが、当時は肩幅などにゆとりを持たせた大きくルーズなシルエットが主流だったため、ゆったりとした着心地のいいスーツも含めて称するようになった。バブル崩壊以降は、フィットするコンパクトなシルエットが多い。

【タ行】

▼**ダーク・スーツ**
ダーク・カラーのスーツの総称。グレー系、ブルー系、ブラウン系が中心。ブラック・スーツ同様、一般に略礼服として着用されることが多いが、リクルート・スーツをはじめとしたビジネス向けにも着用されている。

▼**ダーツ**
体に合わせて丸みや膨らみを出すために、布の一部をつまんで縫い消したつまみのこと。矢の先のようにとがった形をしていることからこう呼ばれる。

▼**ターンナップ**
ターンナップ・カフ、カフ、またはマッキン、日本ではかぶらとも言う。袖口やスラックスの裾の折り返しのこと。

▼**タック**
「折り込む」「縫い襞を取る」の意。布をつまんで縫った襞のこと。

▼**タッターソール**
チェック柄の一種。白地に2色の線を交互に配したチェック柄で、スポーツ・ベストをはじめ、ボタンダウン・シャツやネックウェアなど、幅広く用いられる古典柄。赤と

黄、赤と黒、赤と青、茶と黄、茶と緑などの配色が一般的。イギリスの騎手、リチャード・タッターソールがロンドン郊外に創設した馬市場で、1891年に使用したホース・ブランケットの柄がその由来である。

▼タネル・ループ

スラックスのベルト・ループの一種。筒状で幅広のベルト通しのこと。野球のユニフォームなどにも見られるディテール。

▼ダブル・ブレステッド

ジャケットの前合わせの型。2列ボタンの前合わせのこと。ダブル、両前とも言う。DBと略される。

▼玉縁ポケット

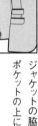

パイピング・ポケットとも言う。切り口を玉縁、つまりバイアス地を使って細く縁取りしたポケットの総称。両玉縁、片玉縁、親子玉縁、蓋玉縁などの種類がある。

▼ダミー

ボディ、マネキンとも言う。立体裁断用に使う人台のこと。

▼段返り

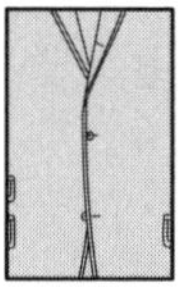

ローリングダウン・モデル、ローリングダウン・ラペルとも言う。ジャケットのラペルが、第1ボタンの下あたりまで折り返されているものを指す。特にトラディショナル・モデルのスーツに見られ、ブルックス型のジャケットのトレード・マークとして知られる。

▼チェスト・ウェルト・ポケット

ブレスト・ポケットとも言う。ジャケットの左胸に付いた切りポケットのこと。日本では箱ポケットとも言う。

▼チェンジ・ポケット

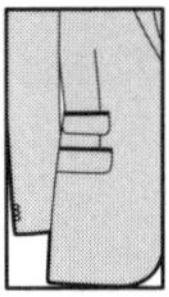

ジャケットの脇ポケットの上に付いた小さなポケット。一般にフラップが付いている。小銭を入れることからこう呼ぶ。また切符を入れることもあることから、チケット・ポケット、切符隠しとも言う。

▼チケット・ポケット

チェンジ・ポケット参照。

▼チノ

綾織りのコットン。薄くて丈夫なので、軍服やユニフォームなどに用いられる。米軍が中国から調達していたことからこう呼ぶ。

▼チョーク・ストライプ

布地にチョークで線を引いたような細いストライプ柄のこと。ペンシル・ストライプより太めで、輪郭はぼやけている。

▼ツイード

羊毛を太く紡いだ糸で織られた平織り、または綾織りの生地の総称。糸を様々な色に染め上げてから織ることでできる細かい模様と、粗く厚い質感が特徴。カントリー調のコートやジャケット、ベストに用いられることが多い。スコットランドのツイード川流域で作られていたことに由来。

▼ディー・シー・ブランド・スーツ

デザイナー アンド キャラクターブランドスーツ。特に、日本の若手デザイナーによる若者向きの誇張的かつ前衛的なスーツを指す。世界のあらゆるビンテージ・スタイルやファッド・ファッションを取り入れてパロディー化。その狙いはアンチ・ビジネス・スーツ・ルックとでも言うべきものだった。1980年代中盤に流行。その後、急激な円高によって海外高級ブランドが本格進出したことによりブームは衰退。

▼ティー・シェープ・ラペル

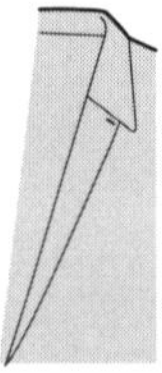

ジャケットの衿型。インバーテッド・エル・シェープ（逆L字型）

とも言う。下衿の角がなく、上衿から下衿へのラインがT字型になっているもの。

▼ディー・ビー
ダブル・ブレステッド（Double-breasted）の略。

▼ディトーズ
共地で作られたスーツの総称。ディトー・スーツ、スーツ・オブ・ディトーとも言う。ディトーは「同上」「繰り返し」の意。ベストや帽子まで共地で作ることもある。

▼デザイナーズ・ビジネス・スーツ
ファッション・デザイナーが手掛けたビジネス・スーツの総称。〈ランバン〉や〈ディオール〉といったオート・クチュール系から、日本のDCブランドまで含まれる。ビジネス・スーツとしてのポイントをなくしてはビジネス・ウェアとして成立しないため、旧来のイメージは保持しつつも、シルエットやディテールにはそれぞれの個性が表れる。

▼胴しぼり
ウエスト・ラインのしぼりのこと。

▼時計隠し
ウォッチ・ポケット参照。

▼トラディショナル・モデル
スーツの流行型。正確にはアメリカン・トラディショナル・モデル、またはトラディショナル・ナチュラル・ショルダー・モデル。俗にI型、またはブルックシー・モデル、ブルックス型とも言う。ナチュラル・ショルダー、ウィズアウト・フロント・ダーツ、センター・ベント、シングル・ブレステッド、3つボタン中1つ掛け、段返りのジャケットに、ストレート型のスラックスを合わせる。

▼トラペーズ・ライン
袖口やジャケットの裾、スラックスの裾などにフレアーを出した、台形のシルエットのこと。

▼トランス・アメリカン
スーツの流行型。アメリカン・コンチネンタル・モデル参照。「脱・アメリカ」の意。それまでのアメリカ型のデザインには見られないアイディアが随所に見られたためこう呼ばれた。

▼ドレスメーカー・タッチ
婦人服の、自由かつ大胆な発想を取り入れた紳士服のこと。1960年代に〈ピエール・カルダン〉や〈イヴ・サンローラン〉が発表した一連のスタイル。

▼ドロップ・サイズ
ドロップ寸、ドロップとも言う。ジャケットの胸囲と胴囲の差のこと。胴しぼりの度合を示す。

▼ドロップ・ショルダー
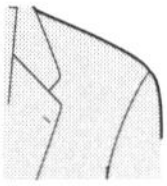
ショルダー・ラインの型。肩先を、通常の肩線よりも腕側に落としたライン。

▼トロピカル
ウーステッドの一種。平織りで織目が粗く、薄手でさらっとしているので、夏服に用いられる。トロ、パーム・ビーチとも言う。

【ナ行】

▼ナチュラル・ショルダー
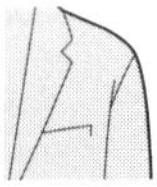
ショルダー・ラインの型。パッドが入っていないか、少ししか入れないかで、誇張することなく自然の体型に沿った肩のライン。

▼ナロウ・ショルダー
ショルダー・ラインの型。正確にはナロウ・アンド・ナチュラル・ショルダー。幅の狭いナチュラル・ショルダーのこと。アイビー・リーグ・モデルで採用されたショルダー・ライン。このラインを特徴とするアイビー・リーグ・モデルのスーツの代名詞。

▼ナンバー・ツー・スーツ
ナンバー・ツー・モデル、II型とも言う。全体のアウトラインはI型であるトラディショナル・モデルと全く同じだが、そこに若干ウエストのしぼりを加える。シングル2

つボタンで、ボタン位置はトラディショナル・モデルよりやや低め。1961年に〈ブルックス・ブラザーズ〉から登場。アメリカ型スーツの基本型のひとつ。

▼ナンバー・ワン・サック・スーツ

ナンバー・ワン・スーツ、I型とも言う。1918年に〈ブルックス・ブラザーズ〉が紹介した、ナチュラル・ショルダーのスーツを指す。アメリカ型ビジネス・スーツの基本型。トラディショナル・モデル参照。

▼II型

ナンバー・ツー・スーツ参照。ただし現在では、単にナチュラル・ショルダーでシングル2つボタンのスーツを指すこともある。

▼ネックライン

衿ぐりの形のこと。

▼眠り穴

鳩目のないボタンホールのこと。

▼ノーフォーク・スーツ

シングル・ブレステッド、フラップ・ポケット、ベルト付き、背中の中央のプリーツ、両脇のアクション・プリーツ、革のくるみボタンを特徴とするジャケットに、共地のスラックス、または、膝下までの丈で裾口をベルトで締めたニッカーボッカーズを合わせたスーツ。主に手織りのツイードで作られる。19世紀から20世紀にかけてイギリスで狩猟用、ゴルフ用などに使われていたスポーツ・ウェアで、1910年代にタウン・ウェアとなった。

▼ノッチド・ラペル

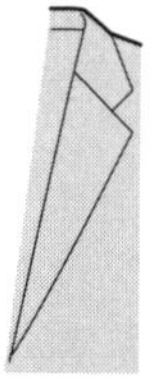

ジャケットの衿型。菱形の衿。片前背広衿、菱衿とも言い、シングルのジャケットに多用される。

▼ノン・スーツ

一般的なスーツでないスーツ。背広式ではない上下服の総称。サファリ・スーツ、ジャック・スーツ、ネール・スーツなどがこれに当たる。

【ハ行】

▼バイアス

斜め裁ちした布地のこと。布地の縦糸と横糸は90度の角度で織られているが、それを45度で裁ったものを正バイアスと言い、正バイアスで作られた細い布をバイアス・テープと言う。

▼ハイ・ツー

ジャケットの前ボタンの位置を示す語。高めに付けられた2つボタンのこと。対語はロー・ツー。

▼パイピング

衣服の縁やポケット、衿ぐりなどに、仕上げとして、また装飾として付けられる細い折りたたみのこと。布端をバイアス・テープで細くくるむこともある。

▼パイピング・ポケット

玉縁ポケット参照。

▼パイプ・ステム

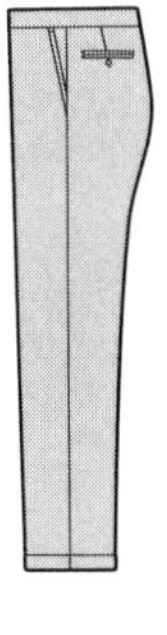

パイプの軸のように円筒型になった、ストレートなシルエットのこと。ストーブ・パイプとも言う。主にスラックスのシルエットを指す。

▼ハイ・ライズ

深い股上のこと。対語はロー・ライズ。

▼ハッキング・ポケット

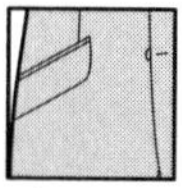

後ろに下るように急角度で付けたフラップ・ポケット。特にハッキング・ジャケットに用いられる。

▼バック・シーム

背中の中心を縫い合わせた、背縫い線のこと。

▼バックルド・ストラップ

バック・ストラップ、尾錠とも言う。

衣服の後部に付けるストラップの総称。ベストなどの後ろ身頃にあしらった尾錠布もこう呼ぶ。

▼パッデッド・ショルダー
パッド入りの肩の総称。

▼鳩目穴ボタンホール
ボタン穴の端に小さな穴、つまり鳩目を開け、周りにステッチを施したボタンホールのこと。

▼ピークド・ラペル
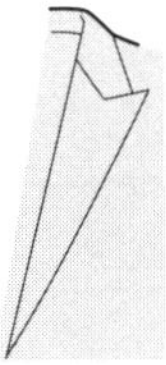
ジャケットの衿型。下衿の先端が剣のように尖って上向きになっている。両前背広衿、剣衿とも言い、ダブルのジャケットに多用される。下衿の角度を少し下げて小さめにしたものをセミ・ピークド・ラペルと言う。

▼ビーフィー・スーツ
メルトン、ツイードなど、厚手の生地を使って仕立てたスーツの総称。

▼ヒップ・ポケット
尻ポケット、ピストル・ポケットとも言う。スラックスの後部に付けるポケットのこと。

▼ブートニエール
ラペル・ホール参照。また、カーネーションやバラなど、ラペル・ホールに挿す花のこと。

▼ファイン
ウールの等級を表わす語。

▼ファンシー・ベスト
オッド・ベスト参照。

▼ブイ・スタイル

スーツの流行型。日本ではフランス型とも言う。広くて丸いドロップ・ショルダーに、袖付け線の肩先から裾に向かって細く傾斜するライン、着丈が短めのジャケットに、先細りのスラックスを合わせる、逆三角形のシルエットが特徴。1950年代中頃にパリで登場し、アイビー・スタイルと併せて2大先鋭スタイルとして注目された。

▼ブイ・ゾーン
ジャケットの衿開き部分のこと。

▼フィッシュ・マウス・ラペル
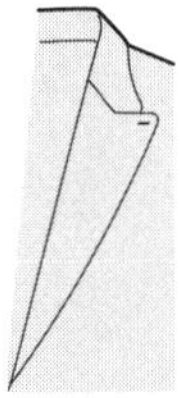
ジャケットの衿型。上衿の角を丸く、下衿を水平にカットしたもの。魚の口に似ていることからこう呼ぶ。

▼フォブ・ポケット

ウォッチ・ポケット参照。

▼フック・ベント
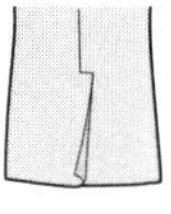
フックド・ベントとも言う。鍵型になったセンター・ベントのこと。アイビー・ジャケットの代表的なディテールのひとつ。

▼フライ
比翼とも言う。上着やスラックスの留具を隠す前立てのこと。留具のボタンを隠したものをボタン・フライ。留具のジッパーを隠したものをジッパー・フライ、またはジップ・フライと言う。

▼フラット・カラー
低く平らに寝かせた衿の総称。

▼フラップ・アンド・ボタンダウン・ポケット
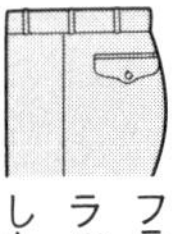
フラップ・ポケットのフラップをボタン留めにしたもの。

▼フラップ・ポケット
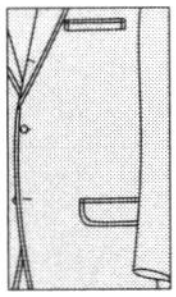
ポケット口に雨蓋の付いたポケットの総称。ジャケットやコートの脇ポケットに多用される。

▼フラワー・ホール
ラペル・ホール参照。

▼フランジ・ショルダー
ショルダー・ラインの型。タックド・

ショルダーとも言う。身頃の袖付き線にプリーツやタックを取ってつば上にし、ステッチを施すなどして、奥行きや立体感を持たせて肩を強調したデザインのこと。

▼**フランネル**
ウーレンの一種。軽く縮絨加工を施し、表面にケバがある。柔らかく軽いのが特徴。やや厚地でスーツに用いられるものは、フラノと言う。

▼**プリーツ**
「襞」「折目」の意。布地を立体的に装飾するため、または動きやすくするために折りたたむこと。また、たたんでできた襞のこと。折山が途中で消えるものをダーツ、折目が曖昧なものをタックと言う。

▼**ブリティッシュ・モデル**
スーツの流行型。いわゆる英国型、英国調スーツのこと。ジャケットの特徴は、シングルの場合は2つボタン、またはボタン間隔の狭い3つボタン中1つ掛け。ダブルの場合は打ち合わせの深い6つボタン、または4つボタン。肩は角張ったテーラード・ショルダー。胸や背にはドレープ、ウエストはしぼり、サイド・ベンツが入って、着丈は長い。スラックスはゆったりとしたシルエット。生地はダーク・ブルーかダーク・グレーの地色に、白のチョーク・ストライプ、またはペンシル・ストライプを配したミルド・ウーステッドが基本。

▼**ブルゾン・スーツ**
ブルゾンに、共地のスラックスを合わせたスーツ。

▼**ブルックシー・モデル**
トラディショナル・モデルの俗称。ブルックス型とも言う。ブルックスとは、アメリカ最古の紳士服専門店〈ブルックス・ブラザーズ〉のこと。

▼**フル・ライニング**

総裏仕立て。衣服の身頃や袖全体に裏地が付いていること。

▼**フレンチ・オープニング・ベスト**
衿の返りを大きくした、深いブイ・ゾーンを特徴とするベスト。1840年代に流行。

▼**ブロード・ショルダー**
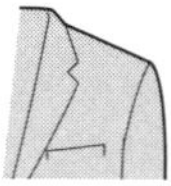
肩幅を広く取ったショルダー・ラインの総称。アメリカン・ショルダーとも言う。

▼**フロア・レベルド・ラペル**
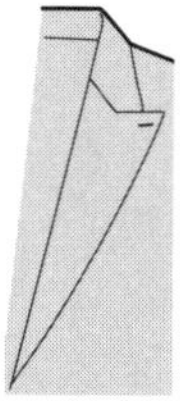
ジャケットの衿型。下衿を水平にカットしたピークド・ラペル。レベルド・ラペル、セミ・ピークド・ラペルとも言う。

▼**フロント・カット**
ジャケットの前裾のカットの総称。

▼**フロント・ダーツ**
ウエストのしぼりを加減するために前身頃に取るダーツのこと。

▼**ヘアライン・ストライプ**

髪の毛のように極細いストライプ柄のこと。ヘアライン、万筋縞、刷毛目縞とも言う。

▼**ベステッド・スーツ**
スリーピース・スーツ参照。

▼**ベスト**

ウエスト・コート、日本ではチョッキとも言う。シャツの上、ジャケットの下に着るもので、袖がなくウエスト丈の衣服。

▼**ペッグ・トップ・スラックス**
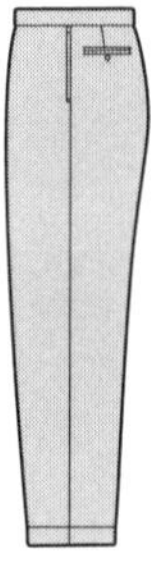
スラックスの型。腰回りをゆったりと取り、裾へ行くに従って極端に細くなる。1910年代に流行。

▼ヘム・ライン
衣服の裾線、縁線のこと。

▼ベルト・ループ
ベルト通し穴のこと。

▼ベルトレス・スラックス
ベルトを使わずに履くスラックスの総称。一般に、ウエストバンドの先端に持ち出しが伸びてボタン留めされる。脇にアジャスト・タブが付けられることが多い。

▼ペンシル・ストライプ

布地に鉛筆で線を引いたような細いストライプ柄のこと。チョーク・ストライプより細めで、輪郭ははっきりしている。

▼ベント
上着やコートの背中、または両脇の裾に入れた割れ目や切り込みのこと。乗馬がしやすいという機能性から生まれたため、馬乗りとも言う。切り込みがひとつならベント、複数ならベンツと呼ぶ。なお、単に細長く切っただけで持ち出しの重なりがないものはスリットと言う。

▼ボールド・ルック

スーツの流行型。アメリカではビクター・マチュア・ルック、イギリスではアメリカン・スーツとも言う。広い肩幅、広いラペル、ウエストの強いしぼりを特徴としたジャケットに、たっぷりしたドレープ・スラックスを合わせ、全体にガッシリしたタフ・ガイな印象を強調したスタイル。第2次世界大戦直後にアメリカで紹介され、1948年頃から50年代初期にかけて流行した。

▼棒衿
首の付け根に沿って直線的に裁断された衿の総称。

▼坊主衿
カラーレス、ノー・カラーとも言う。衿がないこと。

▼ボウド・ピークド・ラペル
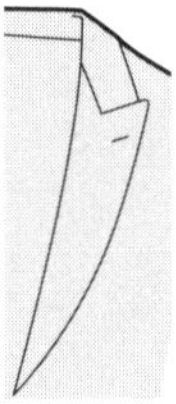
ジャケットの衿型。弓型のカーブを特徴とした独特のピークド・ラペル。1989年に〈ジョルジオ・アルマーニ〉がダブルのジャケットに採用して注目された。

▼ボクシー・ライン
直線的で箱のようなシルエットのこと。

▼ポストボーイ・ウエストコート

オッド・ベストの一種。シングル5つボタンの5つ掛け。最下位のボタンに並行してステッチが施され、それに沿って角型のフラップ・ポケットが左右にひとつずつあしらわれる。最下位のボタン位置から15センチほど余裕を持った長い丈が特徴。フロントの裾は大きくカットし、尖らせたり、丸くしたりする。後ろ身頃も長めで、深いサイド・ベンツが入る。衿はノッチド・ラペルが中心であるが、衿なしもある。18世紀末から19世紀のイギリスで郵便配達人が防寒用に着用していたベストが原型。前身頃はタッターソールのフランネルや色無地のウールで仕立てられることが多い。

▼ボタン・スタンス
ボタン位置やボタン間隔のこと。

▼ボタンワン・ダブルブレステッド
ロング・ターン・ダブル・ブレステッド参照。

▼ホップサック
織目の粗いラフな感覚が特徴の平織物。ビールの原料のホップを入れる麻袋に使われたことからこう呼ぶ。

▼ボディライン・スーツ
スーツの流行型。体の線に沿ってフィットさせるスタイル。狭い肩幅、狭い胸、細い袖、ウエストの強いしぼり、長い丈を特徴としたジャケットに、フレアード・ラインのスラックスを合わせる。1968年に登場。

▼本開き

ジャケットの袖口のボタンホールを、ステッチだけではなく本当に開けたもの。

【マ行】

▼マオ・スーツ

中国人の人民服に見られるようなマオ・カラーと呼ばれる独特のスタンド・カラーが特徴のジャケットに、共地のスラックスを合わせたスーツ。スタンド・カラーが折り返り、二重衿となっている。1966年から67年にかけて流行。マオとは中国の毛沢東主席から来ている。

▼マット・ウーステッド

ウーステッドの一種。表面を起毛させず、マット状に仕上げた平織物のこと。

▼見返し

袖口や衿ぐり、衣服の前部などの裏側になる部分に使われる布地のこと。一般に表地と同じ布地を使う。

▼身頃

上着の胴の部分の総称。前側を前身頃。後ろ側を後ろ身頃と言う。

▼ミスター・ティー・ルック

スリー・ティー・ルック参照。

▼3つ揃い

スリーピース・スーツ参照。

▼ミルド・ウーステッド

ウーステッドの一種。縮絨加工を施し、表面をケバ立たせて柔らかく仕上げた綾織物。ケバの程度によって、ハーフ・ミルド、クオーター・ミルドと呼ぶ。

【ヤ行】

▼ヨーロピアン・モデル

フランスやイタリアのデザイナーによるスーツの流行型。1960年代前半までは各国別に特徴的なシルエットを持っていたが、現在ではデザイナーごとの個性があり、スタイルは多種多様。また数年で変化することもあるので、特徴を定義するのは難しい。一般的には、肩幅が広くゆったりとした、ドレッシーな印象を与えるシルエットが多い。

【ラ行】

▼ラー・ラー・スーツ

スーツの流行型。20世紀初頭のファッド・ファッション。丈の長いジャケットにペッグ・トップ・スラックスを合わせる。全体にゆったりとしたシルエットのオーバー・サイズド・スーツ。アイビー・リーガーの間でスポーツ観戦用の服として1912年まで流行した。いわばアイビー・リーガー版のズート・スーツ。

▼ライズ

股上のこと。

▼ライン

衣服の全体、あるいは部分の型や輪郭、線のこと。

▼ラウンジ・スーツ

背広を指す英語。第1次世界大戦まではこう呼ばれていた。アメリカではサック・スーツ、フランスではコンプレと言う。

▼ラクト・ボタン

プラスチック素材のボタンの一種。牛乳中のカゼインを原料とした合成樹脂から作られる。着色が容易。軽く丈夫で、摩擦にも強い。

▼ラペル

スーツの下衿のこと。対して、上

衿はカラー。

▼**ラペルド・ベスト**
衿付きベストの総称。

▼**ラペル・ホール**
左の下衿に、衿縫い線の角度に沿って開けられた飾り穴。鳩目を開けずにステッチを施すだけのことから、またボタン穴も開けずにステッチを施した飾りだけのものも多いことから、眠り穴とも言う。また、かつてはこの穴に花を飾ったことから、花挿し穴、花飾り穴、またはフラワー・ホール、フランス語でブートニエールとも言う。

▼**リネン**
麻織物の総称。滑らかで強く、光沢がある。

▼**リバーシブル**
両面着用できるように仕立てられた衣服、またその仕立てのことを言う。

▼**両玉縁ポケット**
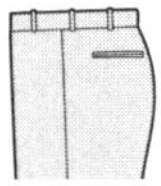
ダブル・ビザム・ポケット、ダブル・パイプド・ポケットとも言う。切り口の両側を細く縁取りしたポケットのこと。

▼**ロー・ツー**

ジャケットの前ボタンの位置を示す語。低めにつけられた2つボタンのこと。対語はハイ・ツー。

▼**ロープド・ショルダー**

ショルダー・ラインの型。袖山を肩にかぶせて肩先を盛り上げたライン。ビルド・アップ・ショルダー、オネスト・ショルダーとも言う。

▼**ロー・ライズ**
浅い股上のこと。対語はハイ・ライズ。

▼**ローリングダウン・モデル**
段返り参照。

▼**ロング・ターン・ダブル・ブレステッド**
スーツの流行型。衿の返りが長く巻き返っている、ダブル6つボタン、または4つボタン下1つ掛けのスタイル。1930年代末から40年代初めにかけて流行。ロング・ロール・ダブル・ブレステッド、ボタン・ワン・ダブル・ブレステッド、ワン・トゥ・ボタン・ダブル・ブレステッド、ロング・ターン・リーファー、ハリウッド・ダブル・ブレステッド、ロンドン・ロング、ケント・モデル、またはデューク・オブ・ケント・スタイルとも言う。

【ワ行】

▼**ワン・クオーター・ライニング**
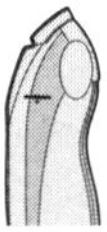
背抜きの一種。前裏を4分の1にしたもの。

▼**ワン・サード・ライニング**
背抜きの一種。前裏を3分の1にしたもの。

▼**ワン・ハーフ・ライニング**
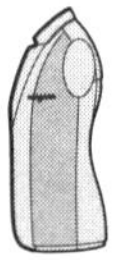
背抜きの一種で、最も一般的なもの。総前裏とも言う。前裏が脇縫い線まで付けられているもの。

▼**ワン・ビー**
通常「1B」と表記する。1つボタンの略。ほか、「2B」は2つボタン、「S-3B」はシングル3つボタン、「D-6B」はダブル6つボタンを指す。

▼**ワンピース・バック**

ジャケットの背中を1枚仕立てにした、バック・シームがないもの。1860年代から80年代の、ジャケットの初期の仕立て方。

ア カ サ タ ナ ハ マ ヤ ラ ワ

Fashion Text Series

THE SUIT

メンズファッションの教科書シリーズ vol.1

スーツの教科書【新装改訂版】

2023年10月29日　第1刷発行

監修／中村達也（ビームス クリエイティブディレクター）

発行人・編集人／松井謙介

発行所
株式会社ワン・パブリッシング
〒110-0005　東京都台東区上野3-24-6

印刷所
共同印刷株式会社

製本所
古宮製本株式会社

本文DTP
株式会社アド・クレール

STAFF
エディトリアル ディレクター／藤岡信吾
エディター／佐藤哲也、小池裕貴、北林未帆
（RIGHT COMPANY）

ファッション ディレクター／中須浩毅

アートディレクター＆デザイン／佐藤重雄（doodle & design）

チーフ エディター／正田省二
デスク／青木宏彰

●この本に関する各種お問い合わせ先

内容等のお問い合わせは、下記サイトのお問い合わせフォームよりお願いします。
https://one-publishing.co.jp/contact/

不良品（落丁、乱丁）については　☎ 0570-092555
業務センター　〒354-0045　埼玉県入間郡三芳町上富 279-1

在庫・注文については書店専用受注センター　☎ 0570-000346

ワン・パブリッシングの書籍・雑誌についての新刊情報・詳細情報は、下記をご覧ください。
https://one-publishing.co.jp/

注／本書は 2009 年 10 月に第 1 版が発行され、さらに 2014 年 4 月に【新装改訂版】として発行された『Fashion Text Series THE SUIT』（学研プラス）の一部を改訂したものです。掲載商品に関する情報が、発売当時と異なる場合がございますのでご注意ください。なお、P50 ～ 61 の金額は 2014 年 4 月当時のものです。